78張K線圖與實戰技巧，教你看到多空訊號

我用均線型態
做多「強勢股」

25 年強勢股操盤手 明發◎著

大樂文化

CONTENTS

Part 4

拉升階段均線戰法：
注意哪些見頂訊號，才能賺足波段？ *157*

用均線看懂個股多空變化，跟莊操作快速獲利

　　我何其有幸，投入股市25年，見證它一路走來的轉變、成長！

　　1990年12月上海證券交易所率先成立，隔年7月，深圳證券交易所正式開業。30年後，北京證券交易所於2021年11月揭牌營運，迎來新的里程碑。

　　從當初8檔股票發展到現在5000多檔，股市雖然風雲變幻，但整體而言，大盤指數處於上漲態勢，市場機制日趨成熟，市場監管越來越嚴格、力道越來越大，股票投資也越來越受到廣大民眾的認識與喜愛。

　　股市如人生起伏跌宕，更是一個零和博弈的市場。理論上所有投資者的機會都是平等的，但其實受到各種因素的影響，例如：經濟不景氣、上市公司資訊造假、主力機構內幕交易、投資者個人能力差異等，在股海中，大多數人都承擔不同程度的虧損，只有少數人能真正賺錢。

　　馬太效應（Matthew Effect）所形容的「強者愈強、弱者愈弱」現象，是股市的真實寫照，也是做股票就要做強勢股的依據。想在股市上儘快賺到錢，尋找強勢股進行短線操作，快進快出，是包括主力機構在內的廣大投資者的較佳選擇。

　　「大道至簡，順勢而為」，操作強勢股、把握上升趨勢，獲利立竿見影，市場上突起的許多大牛股、大黑馬都是從強勢股中走出來。強

勢股中必定有主力機構在運作，他們操盤一檔股票，無論是有意還是無意，都會留下不可磨滅的痕跡，也為投資者跟莊操作強勢股提供了機遇。

理論實戰並進，精準掌握買賣點

操作強勢股、把握上升趨勢就是做強勢節點，只做啟動至拉升這幾節，就如竹筍破土見日生長最快的階段，然後在成長速度變慢之前撤退離場，省時省力還省資金。想要發掘、抓住強勢股，做強勢節點，必須學好基礎理論，練好基本功，在實戰中確實領悟市場，不斷累積經驗，形成自己的操作風格和模式。

我將25年來的股市實戰經驗、策略及見解，完全融入這本《我用均線型態做多強勢股》中，為投資者提供一些跟莊操作的思路和技法。書中以短線交易、短期行情操作為主，運用大量實際案例，詳細解析主力機構在操盤強勢股過程中的思路、方法及技巧，舉一反三，引導投資者準確分析主力操盤的細節和目的，精確把握買賣點，做到與主力同行，實現短線快速獲利。

實戰中，投資者必須結合目標股票股價在K線走勢中所處的位置、成交量、均線型態等各種因素，進行分析研判後，慎重決策。

本書創作過程中，我查閱、參考大量相關作品和資料，從中得到不少啟發和感悟，也借鑑非常有價值的觀點。不過，閱讀參考的文獻資料來源廣泛，部份資料可能沒有注明來源或出處，在此表示感謝和歉意。

路雖遠，行將必至，事雖難，做則必成。做股票如同蓋房子一樣，要從打基礎開始，既要有豐富的理論知識，又要累積足夠的經驗教訓。我從事股票投資25年，但在證券專業知識結構、投資理念風格、操盤風

險控制等方面，仍有薄弱環節，導致本書會有一些缺失，還請各路投資高手和讀者批評指正。

本書得以付梓，來自許多人的幫助與支持，真心希望本書對讀者有所啟發與助益。

PART 1

均線反映成本，
搭配技術分析工具掌握強勢股

1-1 均線的方向和角度，顯示股價趨勢與強弱

均線的全名為「移動平均線」（Moving Average），簡稱MA，是指一定交易時間的算術平均線。它是以收盤價為數據，利用加權平均法推算出的一條曲線，用來顯示股價或指數的歷史波動。舉例來說，某檔股票的20日均線，是將該股20個交易日的收盤價總和除以20，形成20日平均點，然後將點依照次序連接成線。

所謂的「均線型態」，是均線系統在一定時間和一定條件下，反映出的股價或指數運行方向和趨勢的表現形式。這種表現形式按照均線系統的排列，可以分為多頭、空頭、平行（黏合）、交叉這四種均線型態。

所謂「強勢均線型態」，則是均線系統在一定時間和一定條件下，反映出的股價或指數向上運行的表現形式。股價或指數呈現上升趨勢時，均線發揮支撐或助漲的作用。均線型態越上翹，例如：多頭排列、黃金交叉、黏合向上發散等，對股價或指數的支撐或助漲作用就越明顯。

在實戰上，均線是技術分析的重要指標和關鍵工具，它反映一個時間區間內的平均價格和趨勢。透過均線，投資者能快速觀察過去一個時間區間內的股價整體運行情況，但由於均線的滯後性，投資者在研判個

股發展趨勢或實際操作時，要搭配其他技術指標，進行綜合分析判斷。

均線的本質

簡單地說，均線是將一個時間區間內的每天收盤價統計平均，然後將各平均值連成線。不論短期、中期或長期均線，其本質意義都是反映股價在不同週期內的平均成本，顯示平均成本平滑運行的趨勢。均線的主要作用是消除股價隨機波動的影響，找出股價波動的趨勢或方向。均線有五個涵義：

1. 均線實質上是持股成本，或可說是市場的成本趨勢。

2. 並非均線改變股價運行方向，而是股價方向的改變會牽引均線的移動。

3. 單條均線沒有重大意義，三條以上均線之間的交叉黏合或發散，才是要把握的重點。

4. 數條均線之間距離收窄、交叉黏合，說明市場成本趨於一致，一旦產生向上或向下的趨勢，此趨勢會延續很長時間。

5. 均線與其他技術指標一樣，都在反映過去價格走勢，而缺陷是滯後性。

下頁圖表1-1是中堅科技（002779）2022年3月9日的K線走勢圖。從K線走勢可以看出，5日、10日、20日、30日、60日、90日、120日及250日均線呈現多頭排列，可稱為強勢均線型態。

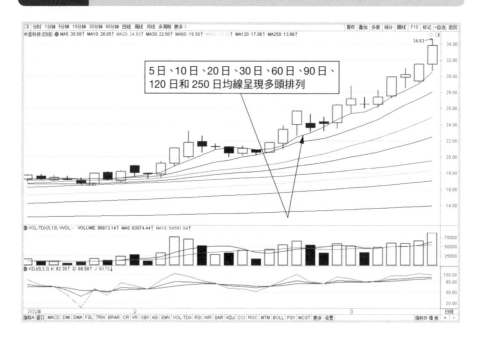

圖表1-1 中堅科技（002779）2022/3/9的K線走勢圖

5日、10日、20日、30日、60日、90日、120日和250日均線呈現多頭排列

均線與股價的關係

均線與股價之間的上穿（突破）、下穿（跌破），是由均線的本質來決定，正因為股價的上漲下跌變化，才有均線與股價之間的上下穿越，而均線的上下穿越，蘊藏其運行的方向或趨勢。兩者之間是密切的相互作用關係。

1. 均線與股價互相牽引

在均線與股價之間，股價具有主導作用。股價向上或向下運行時，

會牽引均線展開平滑移動，但在移動過程中，均線平滑移動方向的延續性又引導股價運行。這種互相牽引的關係，隨著股價的變化而改變。

2. 均線與股價互相制約

均線的平滑移動受制於股價的運行變化，而股價的運行變化也受到均線制約。當股價距離均線太遠，會規律地向均線靠攏。均線的支撐壓力或助漲助跌就是其表現形式。股價上漲時，均線在股價下方發揮支撐或助漲的作用；股價下跌時，均線在股價上方造成壓力或助跌的作用。

3. 均線與股價互相確認

均線是一定時間內的每個交易日收盤價統計平均後，點與點之間的連線。不論上漲或下跌，股價的運行速度會比均線的平滑移動速度來得快。當股價遠離均線時，因為均線與股價的互相牽引，股價會展開回檔或反彈進行確認，然後沿著大趨勢方向繼續運行。

均線的扭轉（或轉向）運行，同樣會比股價的反轉（或轉向）運行來得慢。股價在反轉或轉向後，會展開震盪整理進行確認，確認後的股價走勢應該會延續反轉後的趨勢運行。對於這種情況，投資者要綜合股價在個股K線走勢中的位置、成交量等情況，做出判斷和決策。

還有一種情況，均線在平行（或黏合）運行狀態時，股價在均線的纏繞或圍繞（或黏合）下，展開橫盤震盪整理，以短期均線上穿或下穿中長期均線，來確認突破方向。

然而，這種突破方向的確認具有不確定性，投資者要綜合股價在個股K線走勢中的位置、成交量等情況，進行判斷和決策。舉例來說，相對低位的放量或放巨量大陽線漲停板突破，就是主力機構展開短期快速拉升行情的訊號，投資者可以積極尋找進場時機買進籌碼。

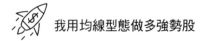

我用均線型態做多強勢股

圖表1-2 冀東裝備（000856）2022/2/11的K線走勢圖

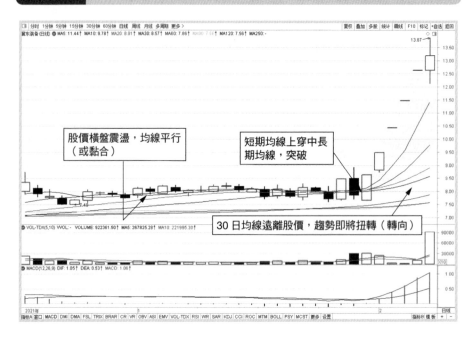

股價橫盤震盪，均線平行（或黏合）

短期均線上穿中長期均線，突破

30日均線遠離股價，趨勢即將扭轉（轉向）

圖表1-2是冀東裝備（000856）2022年2月11日的K線走勢圖。從K線走勢看，該股的均線系統可稱為強勢均線型態，既有平行（或黏合）型態，又有突破型態，還有即將扭轉（或轉向）的趨勢。

014

1-2 4 大類均線排列型態，各有不同的特徵和功用

　　本章探討的均線分類，是以平時操作過程中，比較常用或常見的均線指標為標準。當然，投資者也可以在分析軟體中，自行設置各類均線指標。

💰👆 均線的分類

　　按照均線的計算週期或時間長短，均線通常分為短期均線、中期均線、長期均線3大類：

短期均線

　　按照市場普遍使用的均線進行分類，將5日、10日、20日及30日均線列為短期均線（有的人把3日均線設為短期均線）。特點是穩定性一般，有一定的滯後性，主要用於瞭解和掌握市場行情，預測股價的短期變化趨勢，做為短線操作的參考。

中期均線

　　將60日、90日均線列為中期均線（有的人把45日均線設為中期均

圖表1-3　貴航股份（600523）2021/12/31的K線走勢圖

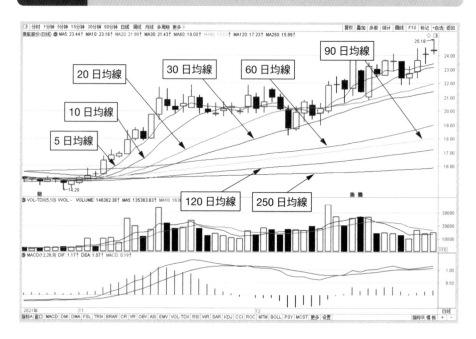

線）。特點是穩定性較好，但是滯後性較強，主要用於預測股價的中期
變化趨勢，做為中線操作的參考。

長期均線

　　將120日、250日均線列為長期均線。特點是極具穩定性，也極其滯
後性，主要用於把握大局勢，預測股價的中長期變化發展趨勢。

　　圖表1-3是貴航股份（600523）2021年12月31日的K線走勢圖。從該
股K線走勢可以看出，5日、10日、20日、30日、60日、90日、120日及
250日這八條短中長期均線，呈現多頭排列，可謂是強勢均線型態。

均線排列型態及其涵義

實戰操作中，使用3條以上的均線，來研判大局勢或確定個股買賣點，比使用單條或兩條均線更加準確可靠。這涉及均線的排列關係，不同的均線排列關係形成不同的均線排列型態，不同的均線排列型態有不同的涵義，蘊藏著個股後市不同的發展方向和趨勢，而且這種趨勢會延續較長時間。

股市沒有一成不變的均線排列型態，隨著股價的漲跌變化，均線排列型態必定發生改變。我們主要分析四種基本的均線排列型態：

多頭排列型態

均線多頭排列型態由三條以上的均線組成，股價在均線上方運行，均線由近至遠排列的順序是短期、中期及長期。這種排列揭示股價正處於上漲趨勢中，是一種積極做多的訊號，這種趨勢會持續一定時間，後市繼續看漲。

由於均線的滯後性，投資者可以在均線多頭排列型態形成的初期，積極進場買進籌碼，不過買進後要盯盤，觀察K線、均線、成交量及其他技術指標的變化，待出現頂部特徵時立刻賣出。

下頁圖表1-4是雲南能投（002053）2022年3月18日的K線走勢圖。從該股K線走勢可以看出，股價在均線上方運行，依序是5日、10日、20日、30日、60日、90日、120日及250日短中長期均線，由近至遠向上呈現多頭排列，發揮支撐（助漲）的作用。股價具有相當明顯的強勢特徵，處於快速上漲之中。

圖表1-4 雲南能投（002053）2022/3/18的K線走勢圖

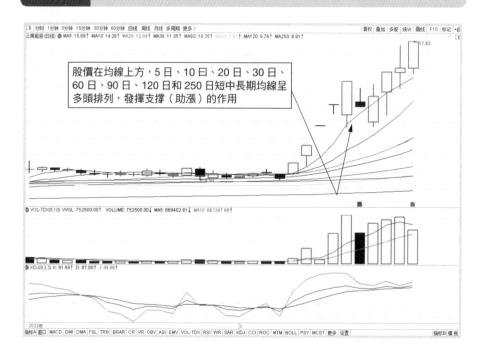

> 股價在均線上方，5日、10日、20日、30日、60日、90日、120日和250日短中長期均線呈多頭排列，發揮支撐（助漲）的作用

空頭排列型態

均線空頭排列型態由三條以上的均線組成，股價在均線下方運行，均線由近至遠排列的順序為短期、中期及長期。這種排列說明股價正處於下跌趨勢中，是一種做空的訊號，這種趨勢一旦形成，會持續一定時間，後市看跌。

由於均線的滯後性，投資者可以在短期均線反轉向下、空頭排列型態形成的初期，及時賣出手中持股，謹慎看空做空。

圖表1-5是福耀玻璃（600660）2022年3月18日的K線走勢圖。從該股

圖表1-5　福耀玻璃（600660）2022/3/18的K線走勢圖

> 股價在均線下方運行，5日、10日、20日、30日、60日、90日、120日和250日均線呈空頭排列，發揮壓力（助跌）的作用

K線走勢可以看出，股價在均線下方運行，依序是5日、10日、20日、30日、60日、90日、120日及250日短中長期均線，由近至遠向下呈現空頭排列，發揮壓力（助跌）的作用。股價具有十分明顯的弱勢特徵，處於持續下跌之中。

平行（黏合）排列型態

　　均線平行（黏合）排列型態由三條以上的均線組成，中長期均線大體走平，短期均線圍繞中長期均線上下穿行、交叉黏合而形成。這種排列說明股價正處於橫盤震盪整理中，尋找突破方向。均線平行（黏合）

圖表1-6　龍淨環保（600388）2022/2/25的K線走勢圖

的時間越長，變盤後上漲或下跌的空間就越大。

　　按照均線平行（黏合）排列型態出現的位置不同，一般分為低位平行（黏合）排列型態、高位平行（黏合）排列型態。投資者要關注和分析均線低位平行（黏合）排列型態的方向選擇，謹慎對待均線高位平行（黏合）排列型態的方向選擇。

　　圖表1-6是龍淨環保（600388）2022年2月25日的K線走勢圖。從該股K線走勢可以看出，這是低位均線平行（黏合）排列型態，該股走勢呈現橫盤震盪洗盤吸籌狀態（當日股價已選擇向上突破方向）。

　　這段期間，長期均線（120日、250日均線）基本上走平，短中期均

線（5日、10日、20日、30日、60日及90日均線）圍繞長期均線上下穿行、交叉黏合。

交叉排列型態

　　均線交叉排列型態由三條以上的均線組成，當短期均線向上或向下穿過中長期均線時形成。這種排列說明，股價的發展方向和趨勢已經相當明確。

　　均線交叉排列有兩種型態，分別是黃金交叉、死亡交叉。黃金交叉由短期均線向上穿過中長期均線，且均線向上運行形成，預示股價上升趨勢基本上形成，是投資者買進籌碼的時機。死亡交叉由短期均線向下穿過中長期均線，且均線向下運行形成，預示股價下跌趨勢基本上形成，是投資者賣出持股的時機。

　　由於均線的滯後性，投資者可以在短期均線走平，或是反轉向上（向下）形成黃金交叉（死亡交叉）的初期，把握時機買進（賣出）手中籌碼。

　　下頁圖表1-7是亞太藥業（002370）2021年12月27日的K線走勢圖。從該股K線走勢可以看出，該股處於主力機構挖坑洗盤吸籌、股價止跌回升的趨勢中。

　　12月21日，5日均線向上穿過10日均線形成黃金交叉。2月23日，5日均線向上穿過20日均線形成黃金交叉。2月24日，10日均線向上穿過20日均線形成黃金交叉，且形成均線銀山谷型態。

　　12月27日，該股開低收出一根大陽線（收盤漲幅5.44%），成交量較前一交易日放大兩倍多，5日均線向上穿過30日均線形成黃金交叉。當日股價向上突破5日、30日、60日、90日及120日均線（一陽穿5線），10日和20日均線在股價下方向上移動，均線蛟龍出海型態形成。

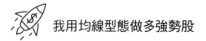

圖表1-7 亞太藥業（002370）2021/12/27的K線走勢圖

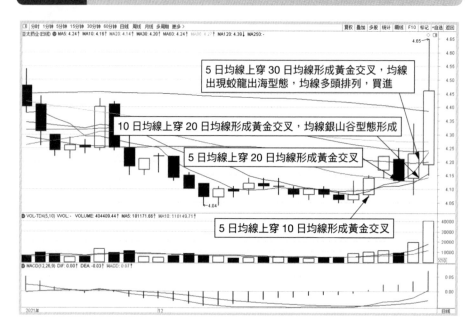

此時，均線呈現多頭排列，MACD、KDJ等技術指標已經走強，股價的強勢特徵相當明顯，投資者可以在當日或次日進場買進籌碼。

1-3 操作時除了基本用法，還要看 K 線、成交量……

　　所有技術指標包括均線、MACD、KDJ等，都是根據既有價格計算出來，都帶有滯後性的缺陷。均線是技術分析的基礎，是一種重要的技術指標，然而投資者在研判大盤或個股走勢時，不能只憑藉均線。

　　尤其是在跟莊操作股票時，一定要結合大盤走勢、基本面、政策面、消息面、K線、成交量及其他技術指標，進行綜合分析後，再做出買賣決策。

　　這裡先簡單敘述均線的基本使用方法。例如，當收盤價（K線）突破均線且站在均線之上時買進，下穿均線且站在均線之下時賣出；均線由下行反轉向上時買進，由上行反轉向下時賣出；均線由黏合向上發散時買進，由黏合向下發散時賣出；均線出現黃金交叉時買進，出現死亡交叉時賣出。

　　下頁圖表1-8是寶馨科技（002514）2022年6月8日的K線走勢圖。將該股整個K線走勢縮小後，可以看出該股處於上升趨勢中。股價從前期相對高位，即2019年4月18日的最高價8.14元，一路震盪下跌，至2021年2月4日的最低價3.20元止跌回穩，下跌時間長且跌幅大，下跌期間有過多次反彈，且反彈幅度較大。

　　2月4日股價止跌回穩後，主力機構快速推升股價，收集籌碼，接

圖表1-8 寶馨科技（002514）2022/6/8的K線走勢圖

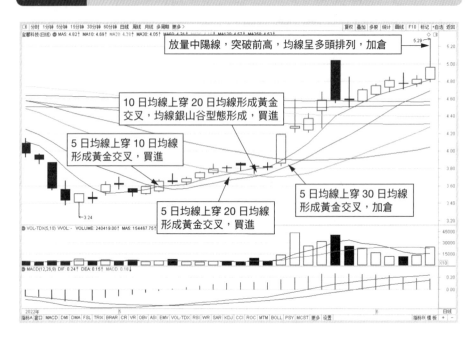

著展開大幅震盪盤升行情。低買高賣賺取價差，獲利與洗盤吸籌並舉，折磨和考驗投資者的信心及耐力，這段期間，成交量呈現間斷性放大狀態。12月20日該股開高，股價衝高回落，收出一根螺旋槳陰K線，主力機構展開初期上漲後的回檔（挖坑）洗盤吸籌行情。

2022年4月27日，該股開低，收出一根長下影線中陽線，當日股價最低探至3.24元止跌回升，回檔（挖坑）洗盤行情結束。此時，投資者應進場逢低分批買進籌碼。

觀察該股的均線型態，2022年5月10日，5日均線向上穿過10日均線形成黃金交叉，股價站上5日、10日均線，投資者可以進場買進籌碼。5

月17日，5日均線向上穿過20日均線形成黃金交叉，股價站上20日均線，則可以在當日或次日進場買進籌碼。5月19日，10日均線向上穿過20日均線形成黃金交叉，股價站上20日均線，均線銀山谷型態形成，應在當日或次日進場買進籌碼。

　　5月23日該股開高，收出一個大陽線漲停板，突破前高，成交量較前一交易日放大兩倍多，形成大陽線漲停K線型態。當日5日均線向上穿過30日均線形成黃金交叉，30日均線即將走平，股價站上30日均線，短期均線有形成多頭排列之勢。

　　此時，MACD、KDJ等技術指標開始走強，股價的強勢特徵已經顯現。在這種情況下，投資者可以在當日或次日進場加倉買進籌碼。之後，主力機構穩步向上推升股價。

　　6月8日該股以平盤開出，收出一根長上影線中陽線，突破前高，成交量較前一交易日放大近兩倍。均線呈現多頭排列，MACD、KDJ等技術指標走強，股價的強勢特徵相當明顯，後市股價持續快速上漲的機率大。投資者應在當日或次日進場逢低加倉買進。

　　下頁圖表1-9是寶馨科技（002514）2022年7月28日的K線走勢圖。從該股K線走勢可以看出，6月8日，收出一根放量長上影線中陽線，突破前高，均線呈現多頭排列，股價的強勢特徵已經顯現。之後，主力機構展開一波大幅拉升行情。

　　從拉升情況來看，主力機構基本上依託5日均線向上拉升股價，期間有3次強勢回檔洗盤，股價回檔跌破10日均線，但很快收回，其他的小整理大多是盤中洗盤。在股價上漲過程中，10日均線發揮較強的支撐和助漲作用。

　　從K線角度分析研判，7月19日，該股大幅跳空開低（向下跳空4.00%開盤），收出一根螺旋槳陰K線（高位或相對高位的螺旋槳K線，

圖表1-9 寶馨科技（002514）2022/7/28的K線走勢圖

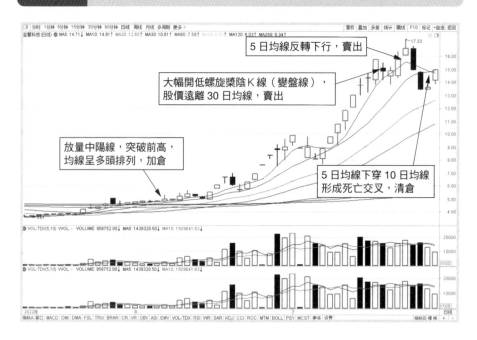

> 5日均線反轉下行，賣出

> 大幅開低螺旋槳陰K線（變盤線），
> 股價遠離30日均線，賣出

> 放量中陽線，突破前高，
> 均線呈多頭排列，加倉

> 5日均線下穿10日均線
> 形成死亡交叉，清倉

又稱為變盤線或轉勢線），成交量較前一交易日略有萎縮。

從當日分時來看，早盤大幅開低之後，股價展開橫盤震盪，下午多次跌停且跌停時間長，尾盤拉高，顯露出主力機構利用開低後橫盤震盪、跌停打壓、尾盤拉高等手法，引誘跟風盤進場而大量出貨的跡象。

此時，股價遠離30日均線且漲幅大，KDJ等一些技術指標開始走弱，盤面的弱勢特徵已經顯現。投資者如果手中還有籌碼沒有出清，次日應該逢高賣出。

從均線角度研判，7月22日，5日均線反轉下行，投資者應該在當日或次日賣出手中籌碼。將K線與均線的研判對比，可以看出均線的滯後

性缺陷比較突出。

　　7月28日該股大幅開高，收出一個大陽線漲停板，成交量較前一交易日萎縮，5日均線向下穿過10日均線形成死亡交叉，股價已經處於高位，投資者如果手中還有籌碼沒有出清，應該在次日逢高清倉。

　　由於均線的滯後性，投資者在分析和把握買賣點時，首先要綜合K線型態、成交量及其他各項技術指標，進行全面分析判斷。然後，在確定買點時，側重均線和成交量的運用；在確定賣點時，側重K線和成交量的運用，均線則做為分析判斷的參考。

PART 2

上漲初期均線戰法：下跌止穩後，緊盯短期均線反轉向上

2-1 【底背離型態】當股價遠離 30日均線，就是買賣訊號

個股經過長期下跌、止跌回穩之後，隨著主力機構慢慢推升股價，短期均線跟隨股價反轉向上移動，隨著放大的成交量推動股價上漲，上漲初期強勢均線型態逐漸形成，投資者進場買進籌碼的時機即將到來。

例如，較短週期的均線向上移動穿過較長週期的均線形成交叉，這種交叉型態就是上漲初期強勢均線型態，即黃金交叉型態。意味著股價向上突破壓力，後市有一定的上升空間，是進場買進籌碼的明確訊號。

上漲初期強勢均線型態還有均線底背離、均線銀山谷、均線金山谷、均線蛟龍出海等型態。

由於上漲初期股價走勢的不確定性（例如漲幅不大、反覆盤升或變盤等），我們在分析研究和運用上漲初期強勢均線型態時，不管是把握大局勢還是確定買賣點，都不能光看均線型態單項指標，一定要結合政策面、大盤走勢、目標股的基本面，以及K線、成交量等其他技術指標，進行綜合分析研判，慎重做出買賣決策。

為了便於分析和閱讀理解，從這一章開始，我們將軟體上均線系統按照混搭組合配置，分別從短中長期均線中挑出5日、10日、30日、60日和120日5條均線，設置新的均線系統。後面的其他章節，均線系統如有重新設置必要，會提前說明。

　　均線底背離型態，是指個股經過較長時間的下跌，股價止跌回穩後，主力機構快速推升股價收集籌碼，此時股價止跌回升，但均線系統仍處於弱勢之中。當股價突破第一條短期均線上漲時，股價的運行方向與所突破的均線移動方向是交叉且相反。

🖐 型態分析

　　均線底背離型態出現在股價的底部區域，一般是由於大局勢不好，主力機構殺跌洗盤而出現的情況，隨著成交量的逐漸萎縮，底部型態越來越清晰。

　　這個時候，股價距離均線，尤其是週期較長的中長期均線（例如30日以上均線）較遠，且短期均線距離中長期均線（例如30日以上均線）也較遠，股價必然會有反彈的需求，產生一波上漲行情。這種反彈行情，既是主力機構收集籌碼的需要，也是主力機構殺跌洗盤所要實現的目的。

　　投資者要注意的是，均線底背離型態適用於平衡市場，不適合大起大落的牛熊市；一般以30日均線為標準，以股價漲跌幅遠離30日均線為買賣標誌。當然，若股價突破30日均線繼續上行，就不是反彈這麼簡單的事了。

🖐 實戰運用 1：資訊傳播、軟體服務業

　　下頁圖表2-1是方直科技（300235）2021年10月29日的K線走勢圖。從K線走勢可以看出，該股走勢處於高位下跌之後的反彈趨勢中。

　　股價從前期相對高位，即2020年2月28日的最高價29.56元，一路震

方直科技（300235）2021/10/29的K線走勢圖

盪下跌，至2021年10月27日的最低價8.53元止跌回穩，下跌時間長，跌幅大。尤其是下跌後期的幾個交易日，主力機構借助大盤下跌之勢，加速殺跌洗盤，均線呈現空頭排列型態。下跌期間有過多次反彈，且反彈幅度大。

10月27日股價止跌回穩後，主力機構開始推升股價、收集籌碼。10月28日該股開高，收出一根縮量陽十字星，投資者可以把陽十字星當做早晨之星或希望之星，是明顯的止跌回穩、後市看漲訊號。

10月29日該股開低，收出一根小陽線，成交量較前一交易日放大，股價向上突破5日均線，收在5日均線上方，突破有效。5日均線仍向下移

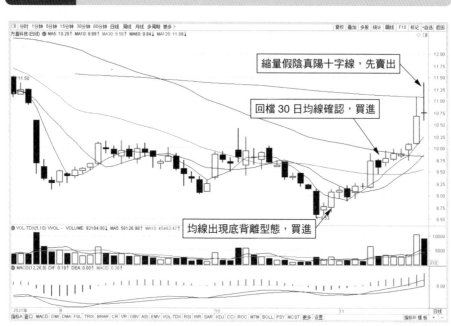

圖表2-2　方直科技（300235）2021/11/16的K線走勢圖

動，股價收盤收在5日均線之上，形成股價與5日均線的底背離型態。

　　均線底背離型態形成後，預示個股即將展開一波上漲行情（或反彈行情），投資者可以在當日股價突破5日均線之後或在次日進場買進籌碼，買進籌碼後要注意盯盤，追蹤觀察股價的變化。

　　圖表2-2是方直科技（300235）2021年11月16日的K線走勢圖。從K線走勢可以看出，10月29日均線底背離型態形成後，主力機構開始向上推升股價。

　　11月1日該股以平盤開出，收出一根陽十字星，成交量較前一交易日萎縮，股價收在5日均線上方。11月2日該股開高，股價衝高穿過10日均

線回落，收出一根小陰線，股價當日整理了一個交易日，但仍收在5日均線上方，5日均線反轉上行。11月3日該股開高，收出一根小陽線，股價突破10日均線且收在10日均線上方。

11月4日該股以平盤開出，收出一根陰十字星，當日5日均線向上穿過10日均線形成黃金交叉。11月5日該股開低，收出一根中陽線，成交量較前一交易日放大4倍多，股價突破30日均線且收在30日均線上方。11月8日該股開高，收出一根小陰線，股價整理了一個交易日，沒有跌破30日均線，股價回檔30日均線確認。

此時，MACD、KDJ等各項技術指標開始走強，股價的強勢特徵顯現，後市上漲的機率大。投資者可以在當日或次日進場逢低買進籌碼，之後，股價繼續向上盤升。

11月16日該股開高，股價向上衝高穿過120日均線回落，收出一根長上影線假陰真陽十字線，成交量較前一交易日萎縮，且當日股價遠離30日均線較遠，主力機構展開整理洗盤行情。投資者可以在當日或次日逢高先賣出手中籌碼，待股價整理到位後再將籌碼買回來。當然，也可以持股觀望，視後期股價走勢再做決定。

圖表2-3是方直科技（300235）2021年12月27日的K線走勢圖。從該個股的K線走勢可以看出，2021年11月16日，該股開高，收出一根縮量長上影線假陰真陽十字線，主力機構展開強勢整理洗盤行情，時間持續了15個交易日，期間股價跌破10日均線，但很快拉回。強勢縮量整理洗盤期間，5日、10均線纏繞股價呈交叉（黏合）狀態。

12月7日，該股跳空開高，收出一個大陽線漲停板（漲幅19.98%），突破前高，成交量較前一交易日放大8倍多，形成巨量大陽線漲停K線型態。當日股價向上突破5日、10日和120日均線（一陽穿3線），30日、60日均線在股價下方向上移動，均線蛟龍出海型態形成。

圖表2-3　方直科技（300235）2021/12/27的K線走勢圖

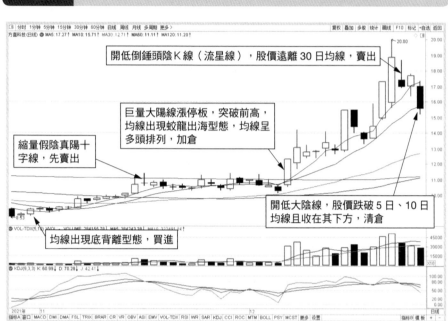

開低倒錘頭陰K線（流星線），股價遠離30日均線，賣出

巨量大陽線漲停板，突破前高，均線出現蛟龍出海型態，均線呈多頭排列，加倉

縮量假陰真陽十字線，先賣出

均線出現底背離型態，買進

開低大陰線，股價跌破5日、10日均線且收在其下方，清倉

均線呈多頭排列，MACD、KDJ等各項技術指標走強，股價的強勢特徵十分明顯，後市持續快速上漲的機率大。投資者可以在當日搶漲停板或在次日進場買進籌碼。之後，主力機構快速向上拉升股價。

12月23日，該股大幅開低（向下跳空7.69%開盤），股價衝高回落，收出一根倒錘頭陰K線（高位倒錘頭K線又稱為射擊之星或流星線），成交量較前一交易日萎縮，當日跌幅10.07%，顯露出主力機構毫無顧忌堅決出貨的態度和決心。

股價遠離30日均線且漲幅較大，MACD、KDJ等各項技術指標走弱，盤面的弱勢特徵已經較為明顯。這種情況下，由於均線的滯後性，

投資者可以不等5日均線走平或反轉下行，在當日或次日逢高先賣出手中籌碼。

12月27日，該股跳空開低，收出一根大陰線（收盤跌幅12.15%），成交量較前一交易日萎縮，股價跌破5日、10日均線且收在10日均線下方，5日均線反轉向下。MACD、KDJ等各項技術指標相當弱勢，股價的弱勢特徵已經十分明顯。投資者如果手中還有籌碼沒有出清，次日一定要逢高清倉。

實戰運用2：房地產業

圖表2-4是中國國貨（600007）2022年3月17日的K線走勢圖。從K線走勢可以看出，該股走勢處於高位下跌之後的反彈趨勢中。

股價從前期相對高位，即2021年9月2日的最高價21.79元，一路震盪下跌，至2022年3月16日最低價12.03元止跌回穩，下跌時間較長、跌幅大。尤其是下跌後期的幾個交易日，主力機構借助大盤下跌之勢，加速殺跌洗盤，均線呈空頭排列型態。下跌期間有多次反彈，且反彈幅度大。

3月16日該股開高，收出一根長下影線錘頭陽K線，成交量與前一交易日基本持平，是主力機構明顯打壓股價收集籌碼訊號，也是明顯的止跌回穩、股價見底、後市看漲（反彈）訊號。

3月17日，該股跳空開高，收出一根中陽線（也可視為陽十字星），成交量較前一交易日萎縮，留下向上跳空突破缺口。當日股價向上突破5日均線且收在5日均線上方，5日均線仍向下移動，股價收盤卻在5日均線之上，形成了股價與5日均線的背離型態。

均線底背離型態形成後，預示個股即將展開一波上漲行情（或反彈

圖表2-4　中國國貨（600007）2022/3/17的K線走勢圖

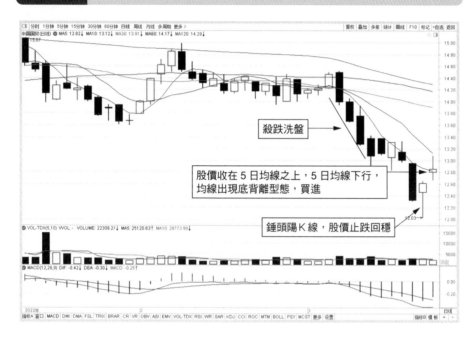

行情），投資者可以在當日股價突破5日均線後或在次日買進籌碼。

下頁圖表2-5是中國國貨（600007）2022年4月7日的K線走勢圖。從K線走勢可以看出，3月17日均線底背離型態形成後，主力機構展開向上拉升行情。3月18日該股開低，收出一根中陽線，成交量較前一交易日萎縮，股價突破10日均線且收在10日均線的上方，當日5日均線走平。

3月21日該股開高，收出一根陽十字星，成交量與前一交易日基本持平，股價收在10日均線上方，當日5日均線反轉上行，10日均線走平。

3月22日該股開低，收出一根小陽線，成交量與前一交易日持平，股價仍站在10日均線上方，當日5日均線向上穿過10日均線形成黃金交叉。

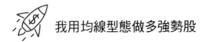

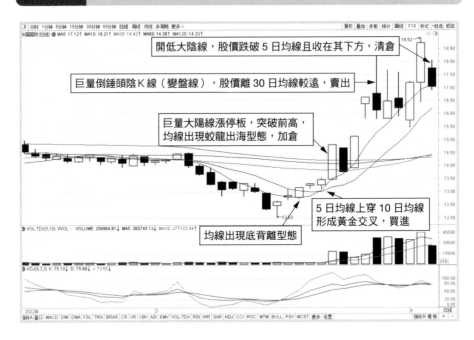

圖表2-5　中國國貨（600007）2022/4/7的K線走勢圖

MACD、KDJ等技術指標開始走強，股價的強勢特徵已經顯現，後市上漲的機率大，投資者可以在當日或次日進場買進籌碼。

3月23日該股開高，收出一個大陽線漲停板，突破前高，成交量較前一交易日放大7倍多，形成巨量大陽線漲停K線型態。股價向上突破30日、60日和120日均線（一陽穿3線），5日、10日均線在股價下方向上移動，均線蛟龍出海型態形成。

當日股價收在120日均線上方，5日、10日和30日均線呈多頭排列，股價的強勢特徵明顯。投資者可以在當日或次日進場加倉買進籌碼（次日股價回檔，也正是投資者進場買進籌碼的好時機）。

　　3月29日該股開高，股價衝高回落，收出一根長上影線倒錘頭陰K線（高位倒錘頭K線又稱為射擊之星或流星線），成交量較前一交易日放大兩倍多，顯示股價上漲乏力，主力機構盤中拉高股價的目的是出貨。

　　此時，股價離30日均線較遠且漲幅較大，KDJ等部分技術指標開始走弱，盤面的弱勢特徵已經顯現。由於均線的滯後性，投資者可以不等5日均線走平或反轉下行，在次日逢高賣出手中籌碼（最好在當日股價衝高時賣出）。

　　4月7日，該股大幅跳空開低（向下跳空5.18%開盤），收出一根大陰線（跌幅9.08），成交量較前一交易日萎縮，股價跌破5日均線且收在5日均線下方，5日均線即將走平。MACD、KDJ等各項技術指標弱勢，股價的弱勢特徵已經相當明顯。投資者如果手中還有籌碼沒有出清，次日一定要逢高清倉。

操作提點

　　實戰操作中，投資者需要把握的是，判斷均線背離型態，要以個股收盤價收在均線的上方為依據，不能以瞬間突破為標準。而且，如果本次反彈速度低於上一次反彈的速度，股價有很大機率還要下跌走低，**一旦出現標誌性陰線，要立刻賣出**，此後新的均線底背離型態將會產生。

2-2 【第一次黃金交叉型態】
交叉角度越大，上漲訊號越強

　　上漲初期均線黃金交叉型態，也可簡稱為均線黃金交叉或均線第一次黃金交叉。是指個股經過較長時間下跌回穩或震盪整理後再度上漲，均線跟隨股價反轉向上移動，向上移動一定時間後，週期較短的均線由下而上穿過週期較長的均線，且週期較長的均線同時向上移動所形成。

　　例如，5日均線向上穿過10日均線，10日均線向上穿過30日均線且30日均線同時向上移動，而形成的兩個交叉，都可以稱為上漲初期均線黃金交叉型態。

型態分析

　　均線黃金交叉型態一般出現在股價上漲的初期或中期，上漲初期是由於股價的上漲，牽引短期均線向上移動，然後向上穿過長期均線所形成。上漲中期股價經過較長時間的橫盤震盪整理洗盤之後，突破整理區重新展開上漲行情，短期均線在跟隨股價向上移動的過程中，繼續向上穿過週期較長的均線，進而形成均線黃金交叉型態。

　　均線黃金交叉型態是一種預示後市看好，投資者可以積極看多做多的訊號。如果黃金交叉型態出現在下跌止穩後的底部區域，往往是股價

由弱轉強的進場買進訊號，尤其是兩條均線交叉的角度越大，上漲的訊號越強烈。

　　上漲過程中，如果中期均線向上穿過長期均線，或長期均線向上穿過長期均線形成黃金交叉型態，則股價中長期趨勢上漲的訊號更加強烈。

　　要注意的是，如果短期均線向上穿過短期均線，或短期均線向上穿過中期均線形成黃金交叉型態時，黃金交叉上方還有週期更長的中期或長期均線壓制著股價，則中長期上漲趨勢還有待跟蹤觀察。投資者可以綜合其他技術指標進行綜合分析判斷，然後再謹慎做出買賣決策。

　　由於均線時間週期的不同，黃金交叉可分為多種型態，如短期均線向上移動穿過短期均線、中期均線或長期均線的黃金交叉型態；中期均線向上移動穿過中期均線或長期均線的黃金交叉型態；長期均線向上移動穿過長期均線的黃金交叉型態等。

　　我們都知道，均線具有滯後性的特徵，在不同週期的黃金交叉型態中，短期均線黃金交叉型態出現的買進訊號比較靈敏也比較及時，但不夠穩健、可靠。投資者在運用短期均線黃金交叉型態確認買點時，還要與其他技術指標進行綜合分析判斷後，再做出進場買進的決定。

　　投資者尤其要謹慎留意下跌過程中臨時反彈過程中的黃金交叉，以及橫盤震盪整理中衝高試盤過程中的黃金交叉這兩種情況，如果買進後，發現走勢不對，要立刻離場。

　　本章節主要是對上漲初期均線黃金交叉型態進行分析研究，上漲中期橫盤震盪整理洗盤後啟動上漲行情中的黃金交叉型態，放在後面章節分析研究。

　　個股下跌時間長短不同、下跌幅度不同，以及主力機構操盤手操盤手法的不同，可能導致股價上漲走勢（K線走勢）型態的不同。股價上

漲走勢型態的不同直接導致均線黃金交叉的時間、位置和交叉之後的均線走勢不同，進而導致股價上漲（反彈）力道和幅度的不同。

實戰運用 1：資訊傳播、軟體服務業

圖表2-6是國新健康（000503）2021年11月29日的K線走勢圖。將整個K線走勢進行縮小後可以看出，該股走勢處於高位下跌之後的反彈趨勢中。

股價從前期相對高位，即2019年4月9日的最高價33.00元，一路震盪下跌，至2021年11月4日的最低價5.90元止跌回穩，下跌時間長、跌幅大。尤其是下跌後期的幾個交易日，主力機構借助大盤下跌之勢，加速殺跌洗盤，均線呈現空頭排列。下跌期間有多次反彈，且反彈幅度大。

2021年11月4日股價止跌回穩後，主力機構開始推升股價，收集籌碼。11月8日該股開高，收出一根陽十字星，成交量較前一交易日萎縮，當日5日均線走平。11月9日該股開高，股價衝高回落，收出一根假陰真陽十字星，成交量較前一交易日有效放大，股價突破5日均線且收在5日均線上方。

11月10日，該股以平盤開出，收出一根大陽線，突破前高，成交量較前一交易日放大兩倍多，股價突破10日均線且收在10日均線上方。11月11日，該股開高，股價衝高回落，收出一根小陰線，成交量較前一交易日萎縮，當日5日均線向上穿過10日均線形成黃金交叉型態。

這個時候，KDJ等部分技術指標開始走強，股價的強勢特徵開始顯現，投資者可以在當日或次日進場逢低分批買進籌碼。

11月17日該股開低，股價衝高回落，收出一根陽十字星，成交量較前一交易日萎縮，股價突破30日均線且收在30日均線上方。11月18日，

圖表2-6 國新健康（000503）2021/11/29的K線走勢圖

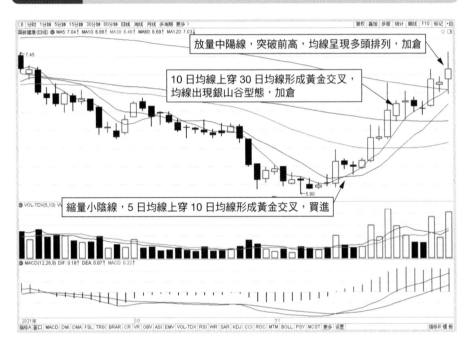

該股以平盤開出，收出一根大陽線，成交量較前一交易日放大兩倍多，股價突破60日均線且收在60均線上方，60日均線即將走平，當日5日均線向上穿過30日均線形成黃金交叉型態。

11月19日該股開低，收出一根小陽線，突破前高，成交量較前一交易日萎縮，股價收在60均線上方，當日10日均線向上穿過30日均線形成黃金黃金交叉，均線銀山谷型態形成。MACD、KDJ等各項技術指標走強，股價的強勢特徵已經相當明顯，後市上漲的機率大，投資者可以在當日或次日進場加倉買進籌碼。

11月25日，該股跳空開高，收出一根大陽線，突破前高，成交量較

前一交易日放大兩倍多，股價突破120日均線且收在120日均線上方，當日10日均線向上穿過60日均線形成黃金黃金交叉型態。

11月29日，該股跳空開高，收出一根中陽線，突破前高，成交量較前一交易日放大兩倍多，股價收在120日均線上方，當日5日均線向上穿過120日均線形成黃金交叉型態。

此時，5日、10日、30日和60日均線全部向上移動，均線呈多頭排列之勢，股價的強勢特徵十分明顯，後市快速上漲的機率大。投資者可以在當日或次日進場加倉買進籌碼，持股待漲，待股價出現明顯見頂訊號時再賣出。

圖表2-7是國新健康（000503）2021年1月10日的K線走勢圖。從K線走勢可以看出，11月29日，該股開高收出一根放量中陽線，突破前高，5日均線向上穿過120日均線形成黃金交叉，均線呈多頭排列，股價的強勢特徵明顯。之後，主力機構依託5日均線向上拉升股價。

11月30日該股開低，收出一根中陽線，成交量較前一交易日萎縮，當日正是投資者進場買進籌碼的好時機。此後，主力機構連續拉出4根陽線（一根為假陰真陽K線），其中有3個漲停板，漲幅相當可觀。

12月7日該股開低，股價回落，收出一根跌停大陰線，成交量較前一交易日萎縮，主力機構展開強勢洗盤整理。投資者可以在當日或次日逢高先賣出手中籌碼，待洗盤整理到位後再將籌碼買回來（當然也可以持股先觀察1至2個交易日再做決定）。

12月14日該股以平盤開出，收出一個大陽線漲停板，突破前高，成交量較前一交易日明顯放大，形成大陽線漲停K線型態。當日股價向上突破5日均線且收在5日均線上方，強勢洗盤整理結束，投資者可以在當日或次日進場逢低加倉買進籌碼。之後，主力機構快速向上拉升股價。

12月31日，該股跳空開高，收出一根假陰真陽十字星（高位或相對

圖表2-7	國新健康（000503）2021/1/10的K線走勢圖

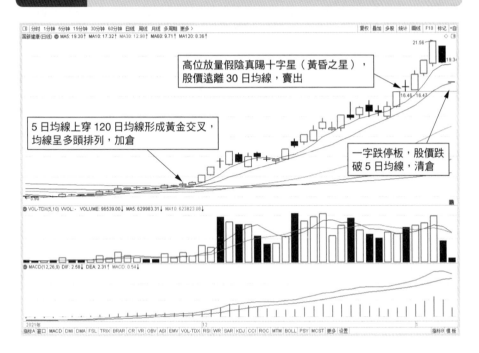

高位十字星又稱為黃昏之星），成交量較前一交易日有效放大。從當日分時走勢看，主力機構早盤開高衝高，展開高位震盪盤整至收盤，顯示主力機構利用盤中高位震盪吸引跟風盤進場而大量出貨的跡象。

　　股價遠離30日均線且漲幅大，KDJ等部分技術指標開始走弱，盤面的弱勢特徵已經顯現。由於均線的滯後性，投資者如果手中還有籌碼沒有出清，為確保獲利最大化，可以不等5日均線走平或反轉向下，在次日逢高賣出手中籌碼。

　　2022年1月10日該股跌停開盤，收出一字跌停板，成交量較前一交易日大幅萎縮，股價跌破5日均線，收在10日均線附近，5日均線反轉下

行。MACD、KDJ等技術指標相當弱勢，股價的弱市特徵非常明顯。投資者如果手中還有籌碼沒有出清，次日應該逢高清倉。

實戰運用 2：製造業

圖表2-8是亞世光電（002952）2022年1月4日的K線走勢圖。從K線走勢可以看出，走勢處於反彈趨勢中。

該股2019年3月28日上市後，股價上漲至4月9日的最高價79.93元，然後一路震盪下跌，至2021年10月28日的最低價11.64元止跌回穩，下跌時間長、跌幅大。尤其是下跌後期，主力機構借助當時大盤大跌之勢，加速殺跌洗盤，此時均線呈空頭排列型態。下跌期間有過多次反彈，且反彈幅度大。

10月28日股價止跌回穩後，主力機構開始快速推升股價，收集籌碼。11月2日該股以平盤開出，收出一根小陰線，成交量較前一交易日放大，股價突破5日均線且收在5日均線上方，5日均線走平。

11月5日該股開低，收出一根小陽線，突破前高，成交量較前一交易日明顯放大，股價突破10日均線且收在10日均線上方，5日均線向上穿過10日均線，形成黃金交叉型態。

11月9日該股以平盤開出，收出一根小陽線，突破前高，成交量較前一交易日放大，當日10日均線翹頭向上移動。MACD、KDJ等各項技術指標開始走強，股價的強勢特徵已經顯現，後市上漲的機率較大。這時候，投資者可以在當日或次日進場逢低分批買進籌碼。

11月11日該股以平盤開出，收出一根小陽線，突破前高，成交量較前一交易日明顯放大，股價突破30日均線且收在30日均線上方。11月12日，該股開低，收出一根小陽線，突破前高，成交量較前一交易日萎

圖表2-8　亞世光電（002952）2022/1/4的K線走勢圖

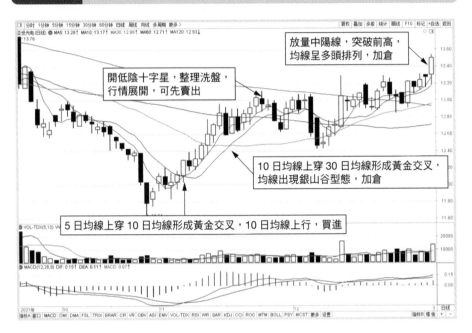

縮，5日均線向上穿過30日均線形成均線黃金交叉，30日均線走平。

11月15日該股開低，收出一根小陽線，突破前高，成交量較前一交易日大幅放大，股價突破60日均線且收在60日均線上方。

11月17日該股開高，收出一根中陽線，突破前高，成交量較前一交易日明顯放大，當日10日均線向上穿過30日均線形成均線黃金交叉，均線銀山谷型態形成。股價的強勢特徵非常明顯，投資者可以在當日或次日進場加倉買進籌碼。

11月23日該股開高，收出一根小陽線，突破前高，成交量較前一交易日明顯放大，5日均線向上穿過60日均線形成均線黃金交叉型態。

11月24日該股開低，股價衝高回落，收出一根陰十字星，成交量較前一交易日萎縮。主力機構展開橫盤震盪整理洗盤吸籌行情，10日均線向上穿過60日均線形成均線黃金交叉型態。

投資者可以在當日或次日逢高先賣出手中籌碼，待橫盤震盪整理洗盤吸籌行情結束後再將籌碼買回來。橫盤震盪整理洗盤吸籌期間，均線呈平行（交叉或黏合）態勢，成交量呈間斷性放（縮）量狀態。

12月28日該股開高，收出一根中陽線，突破前高，成交量較前一交易日明顯放大，股價向上突破5日、10日、120日均線（一陽穿3線），30日、60日均線在股價下方向上移動，均線蛟龍出海型態形成。短中期均線呈多頭排列，MACD、KDJ等各項技術指標開始走強，股價的強勢特徵開始顯現，投資者可以在當日或次日進場加倉買進籌碼。

2022年1月4日，該股開高，收出一根中陽線，突破前高，成交量較前一交易日放大近兩倍。均線（除120日均線外）呈多頭排列，MACD、KDJ等各項技術指標走強，股價的強勢特徵十分明顯，後市持續快速上漲的機率大。投資者可以在當日或次日進場加倉買進籌碼，持股待漲，待股價出現明顯見頂訊號時再賣出。

圖表2-9是亞世光電（002952）2022年1月17日的K線走勢圖。從K線走勢可以看出，2022年1月4日，該股開高，收出一根放量中陽線，突破前高，均線呈多頭排列，股價的強勢特徵相當明顯。之後，主力機構依託5日均線快速向上拉升股價。

1月5日、6日，主力機構強勢整理了2個交易日，成交量呈萎縮狀態，正是投資者進場買進籌碼的好時機。從1月7日開始，主力機構依託5日均線，一口氣連續拉出了5個漲停板。

1月13日，該股大幅跳空開高（向上跳空8.11%開盤），收出的是一個長下影線錘頭陽K線漲停板（高位或相對高位的錘頭線又稱為上吊線

圖表2-9　亞世光電（002952）2022/1/17的K線走勢圖

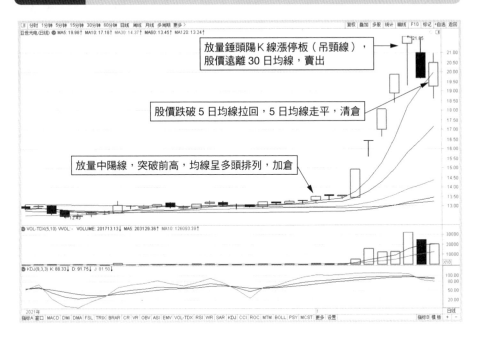

> 放量錘頭陽K線漲停板（吊頸線），股價遠離30日均線，賣出

> 股價跌破5日均線拉回，5日均線走平，清倉

> 放量中陽線，突破前高，均線呈多頭排列，加倉

或吊頸線），成交量較前一交易日放大近9倍。

　　從當日的分時走勢看，早盤該股大幅開高，股價急速回落後迅速勾頭上衝，分兩個波次，於9時34分封漲停板，9時37分漲停板被大賣單砸開，成交量急速放大。

　　13時22分觸及漲停板瞬間被打開，尾盤（14時47分）封漲停板至收盤，漲停板打開時間長、股價高位震盪回落時間長、尾盤封漲停板時間晚，顯露出主力機構利用大幅開高、漲停板打開、高位震盪回落、封漲停板的操盤手法，引誘跟風盤進場而大量出貨的跡象。

　　這時候，股價遠離30日均線且漲幅大，KDJ等部分技術指標開始走

弱，盤面的弱勢特徵已經顯現。由於均線的滯後性，投資者如果手中還有籌碼當天還沒有出清的，可以不等5日均線走平或反轉向下，在次日逢高賣出。

1月17日該股開低，收出一根大陽線，成交量較前一交易日萎縮，當日股價跌破5日均線後拉回，收盤收在5日均線之上。5日均線已經走平，說明股價只是暫時反彈，屬迴光返照徵兆。

MACD、KDJ等各項技術指標走弱，股價的弱勢特徵比較明顯。投資者如果手中還有籌碼沒有出清，次日一定要逢高清倉。

操作提點

實戰操作中，處理長期均線黃金交叉的訊號過於滯後的問題時，投資者可以將短期均線黃金交叉型態與均線多頭排列型態結合使用。

大多數情況下，**在股價上漲過程中，短期均線黃金交叉型態形成之後，短中期均線的向上移動已逐漸呈現多頭排列。投資者可以進場逢低分批買進籌碼**，不一定要等到長期均線黃金交叉的訊號出現時才跟進。

2-3 【蛟龍出海型態】大陽線上穿至少 3 條均線，應逢低買進

　　上漲初期均線蛟龍出海型態，是在股價上漲（反彈）過程中或股價橫盤震盪洗盤吸籌的末期所形成的一種均線型態。

　　上漲初期均線蛟龍出海型態，也可稱之為神龍出海或一陽穿三線（多線）。指個股經過較長時間的下跌至底部區域，或是個股在相對低位經過較長時間的橫盤震盪整理後，突然收出一根放量大陽線，就像一條蛟龍從海底一躍而起，向上突破至少3條均線（如5日、10日、30日均線），且收盤收在3條以上均線上方的一種均線型態。

型態分析

　　上漲初期均線蛟龍出海型態，一般出現在股價下跌或橫盤震盪整理的末期，其陽線實體越長越好，最好是漲停板，且需要有放大的成交量來配合。當日收盤價要收在3條以上均線的上方，才能表明個股下跌或整理行情結束，確認突破，預示一波上漲（反彈）行情即將展開。

　　投資者可以在形成上漲初期均線蛟龍出海型態當日收盤前或次日，擇機進場逢低買進籌碼，也可以在上漲初期均線蛟龍出海型態形成之後股價整理到位，再進場買進籌碼。

出現在上漲途中橫盤震盪整理後的均線蛟龍出海型態，表明中期整理行情結束，股價將延續原有的上升趨勢，屬於上漲中期均線蛟龍出海型態。

這裡主要對出現在底部區域，或相對低位的均線蛟龍出海型態，進行分析研究。出現在中期橫盤震盪整理後的上漲中期均線蛟龍出海型態，將在後面章節分析研究。

實戰運用 1：文化、體育和娛樂業

圖表2-10是鋒尚文化（300860）2021年11月3日的K線走勢圖，從K線走勢可以看出，該股走勢處於反彈趨勢中。

該股2020年8月24日上市，當日股價上漲至最高價242.00元，然後一路震盪下跌，至2021年10月28日的最低價38.00元止跌回穩，下跌時間較長、跌幅大。

下跌後期的幾個交易日，主力機構借助當時大盤大跌之勢，加速殺跌洗盤，均線呈現空頭排列型態。下跌期間有多次反彈，且反彈幅度大。10月28日股價止跌回穩後，主力機構開始推升股價，收集籌碼。

11月3日該股開低，收出一根中陽線（漲幅5.58%），突破前高，成交量較前一交易日放大近3倍。當日股價向上突破5日、10日、30日均線（一陽穿3線），收盤收在30日均線上方，5日、10日均線向上移動、30日均線走平，上漲初期均線蛟龍出海型態形成。

MACD、KDJ等各項技術指標開始走強，股價的強勢特徵開始顯現，後市上漲的機率大。這時候，投資者可以在當日或次日進場逢低分批買進籌碼。

第54頁圖表2-11是鋒尚文化（300860）2021年12月20日的K線走勢

圖表2-10　鋒尚文化（300860）2021/11/3的K線走勢圖

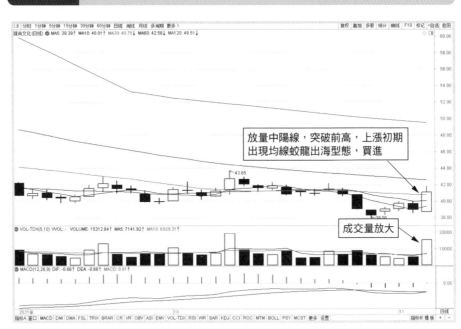

圖。從K線走勢可以看出，11月3日，該股開低收出一根放量中陽線，突破前高，股價向上突破5日、10日、30日均線（一陽穿3線），上漲初期均線蛟龍出海型態形成，股價的強勢特徵相當明顯。之後，主力機構依託5日均線繼續向上拉升股價。

　　11月4日該股開低，收出一根中陽線，突破前高，成交量較前一交易日明顯放大，股價突破60均線且收在60日均線上方，當日5日均線向上穿過10日均線形成黃金交叉。11月5日該股開低，收出一根陽十字星，成交量較前一交易日萎縮，當日5日均線向上穿過30日均線形成黃金交叉。

　　11月9日該股開低，收出一根中陽線，成交量較前一交易日明顯放

圖表2-11　鋒尚文化（300860）2021年/12/20的K線走勢圖

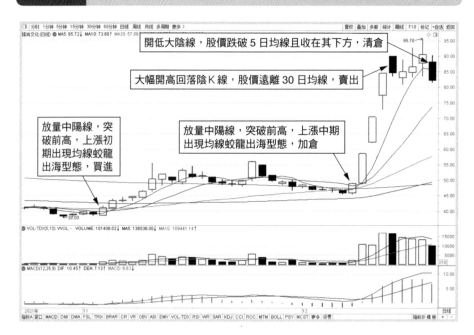

開低大陰線，股價跌破5日均線且收在其下方，清倉

大幅開高回落陰K線，股價遠離30日均線，賣出

放量中陽線，突破前高，上漲初期出現均線蛟龍出海型態，買進

放量中陽線，突破前高，上漲中期出現均線蛟龍出海型態，加倉

大，當日10日均線向上穿過30日均線形成黃金交叉，60日均線翹頭上行，均線銀山谷型態形成。

除120日均線外，5日、10日、30日和60日均線呈多頭排列之勢，個股的強勢特徵十分明顯，投資者可以在當日或次日進場加倉買進籌碼。

11月16日該股開低，收出一根倒錘頭陰K線，成交量較前一交易日萎縮，股價離30日均線較遠，且個股從底部上漲以來已有一定的漲幅。主力機構展開強勢洗盤整理行情，目的是清洗獲利盤和套牢盤，減輕後期拉升的壓力。

投資者可以在當日或次日逢高先賣出手中籌碼，待洗盤整理結束後

再將籌碼買回來（當然，也可以先持股觀察1至2個交易日再做決定）；洗盤整理期間成交量呈萎縮狀態。

12月8日該股開高，收出一根中陽線（漲幅6.82%），突破前高，成交量較前一交易日放大近兩倍，洗盤整理結束。當日股價向上突破5日、10日、30日、120日4條均線（一陽穿4線），且收盤收在4條均線的上方，60日均線在股價下方向上移動，均線蛟龍出海型態再次形成，此次均線蛟龍出海可視為上漲中期均線蛟龍出海型態。

MACD、KDJ等各項技術指標走強，股價的強勢特徵相當明顯，後市快速上漲的機率大，投資者可以在當日或次日進場加倉買進籌碼。之後，主力機構連續拉出3個漲停板，出現60%的漲幅。

12月14日，該股大幅跳空開高（向上跳空6.53%開盤），股價回落，收出一根陰K線，成交量與前一交易日基本持平。從當日分時走勢看，該股早盤大幅開高後，股價急速回落然後展開震盪盤整至收盤，收盤跌幅0.01%，顯示主力機構利用大幅開高、盤中震盪盤整的操盤手法，引誘跟風盤進場而大量出貨的跡象。

股價遠離30日均線且漲幅大，KDJ等部分技術指標開始走弱，盤面的弱勢特徵已經顯現。由於均線的滯後性，投資者如果手中還有籌碼沒有出清，可以不等5日均線走平或反轉向下，在次日逢高先賣出手中籌碼。

12月15日、16日、17日，該股連續整理3個交易日，收出3根螺旋槳陽K線，3個交易日的成交量基本持平，仍然是主力機構利用高位震盪整理在逐步賣出籌碼。

12月20日該股開低，股價回落，收出一根大陰線（跌幅8.07%），成交量較前一交易日萎縮，當日股價跌破5日均線且收在5日均線下方，5日均線反轉下行。MACD、KDJ等各項技術指標走弱，股價的弱勢特徵已

經相當明顯。這種情況下，投資者如果手中還有籌碼沒有出清，次日一定要逢高清倉。

實戰運用 2：製造業

圖表2-12是贏合科技（300457）2021年5月24日的K線走勢圖。從K線走勢可以看出，該股走勢處於高位下跌之後的反彈趨勢中。從前期相對高位，即2020年3月10日的最高價71.05元，一路震盪下跌，至2021年3月11日的最低價16.60元止跌回穩，下跌時間長、跌幅大。

尤其是下跌後期的幾個交易日，主力機構借助當時大盤大跌之勢，加速殺跌洗盤，均線呈空頭排列型態。該股下跌期間有過多次反彈，且反彈幅度較大。

3月11日股價止跌回穩後，主力機構展開橫盤震盪整理行情，目的是洗盤吸籌，橫盤震盪幅度不大，K線走勢紅多綠少，紅肥綠瘦。橫盤震盪整理後期，5日、10日、30日均線呈現交叉（黏合）狀態。

5月19日該股開低，收出一根中陽線（漲幅5.84%），突破前高，成交量較前一交易日放大兩倍多。股價向上突破5日、10日和30日均線（一陽穿3線），收在30日均線上方，5日、10日和30日均線向上移動，上漲初期均線蛟龍出海型態形成。

短期均線呈多頭排列，MACD、KDJ等各項技術指標開始走強，股價的強勢特徵顯現，後市上漲的機率大，投資者可以在當日或次日進場分批買進籌碼。此後，主力機構強勢整理了兩個交易日，成交量呈萎縮狀態，正是投資者進場逢低分批買進籌碼的好時機。

5月24日該股開低，收出一根中陽線（漲幅6.93%），突破前高，成交量較前一交易日放大兩倍多。股價向上突破5日、10日、30日和60日

圖表2-12　贏合科技（300457）2021/5/24的K線走勢圖

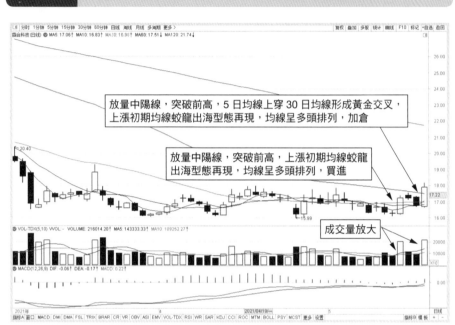

均線（一陽穿4線），收在60日均線上方，5日、10日、30日均線向上移動，上漲初期均線蛟龍出海型態再現。

　　5日均線向上穿過30日均線形成黃金交叉型態，短期均線呈多頭排列，MACD、KDJ等各項技術指標走強，股價的強勢特徵已經相當明顯，後市快速上漲的機率大。像這種情況，投資者可以在當日或次日進場逢低加倉買進籌碼。

　　下頁圖表2-13是贏合科技（300457）2021年11月15日的K線走勢圖。從K線走勢可以看出，5月24日，該股開低收出一根放量中陽線（漲幅6.93%），突破前高，股價向上突破5日、10日、30日和60日均線（一陽

圖表2-13 贏合科技（300457）2021/11/15的K線走勢圖

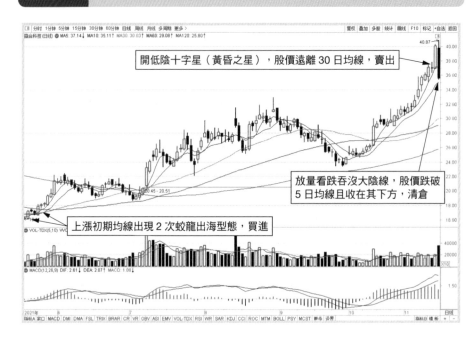

開低陰十字星（黃昏之星），股價遠離30日均線，賣出

放量看跌吞沒大陰線，股價跌破
5日均線且收在其下方，清倉

上漲初期均線出現2次蛟龍出海型態，買進

穿4線），收在60日均線上方。

5日、10日和30日均線上行，上漲初期均線蛟龍出海型態再現，股價的強勢特徵相當明顯。之後，主力機構依託5日均線繼續向上推升股價。

5月26日該股開高，收出一根小陽線，突破前高，成交量較前一交易日萎縮，股價突破60日均線且收在60日均線上方，10日均線向上穿過30日均線形成黃金交叉型態，均線銀山谷型態形成。

此時，短期均線呈多頭排列，MACD、KDJ等各項技術指標走強，股價的強勢特徵相當明顯，後市快速上漲的機率大，投資者可以在當日或次日進場加倉買進籌碼。隨後，主力機構繼續向上拉升股價。

從K線走勢可以看出，主力機構採取波段式推升的操盤手法展開拉升行情。拉升過程中，只要股價離30日均線較遠，主力機構就會展開整理洗盤，例如2021年6月3日、7月14日、7月26日、8月2日、8月13日、8月30日展開的6次回檔洗盤。

回檔洗盤過程中，投資者要注意盯盤，每次回檔洗盤到位，都是進場加倉買進籌碼的機會。6次回檔洗盤中，6月3日和8月30日展開的2次回檔洗盤時間較長，回檔幅度較大，股價跌破了30日和60日均線。

其他4次回檔洗盤時間較短，幅度較小，股價偶爾跌破30日均線很快拉回。透過反覆回檔洗盤，主力機構達到清洗獲利盤、調倉換籌、拉高新進場投資者買進成本的目的，為後期拉升奠定較好的基礎。

從10月19日開始，主力機構展開快速拉升行情。整體來看，整個拉升行情比較艱難曲折，但漲幅較大。

11月11日該股開低，收出一根陰十字星（高位或相對高位十字星又稱為黃昏之星），成交量較前一交易日萎縮，顯示股價上漲乏力，主力機構盤中拉高股價的目的是展開震盪整理出貨。股價遠離30日均線且漲幅大，KDJ等部分技術指標開始走弱，盤面的弱勢特徵已經顯現。

由於均線的滯後性，投資者若手中還有籌碼沒有出清，可以不等5日均線走平或反轉向下，在次日逢高先賣出手中籌碼。

11月15日該股開低，股價略衝高後回落，收出一根看跌吞沒大陰線（高位看跌吞沒陰線為見頂訊號），股價跌破5日均線且收在5日均線下方，成交量較前一交易日大幅放大，顯露出主力機構毫無顧忌出貨的堅決態度。

股價遠離30日均線且漲幅大，MACD、KDJ等技術指標走弱，盤面的弱勢特徵已經相當明顯。投資者如果手中還有籌碼沒有出清，次日應該逢高清倉。

操作提點

實戰操作中，投資者要特別注意的是，**出現在長期下跌之後底部區域的上漲初期均線蛟龍出海型態，是一種強烈的反轉訊號**，但出現在下跌趨勢中階段性底部的均線蛟龍出海型態，則多數是一種短期反彈行情。這時候，進場買進籌碼，則要注意盯盤追蹤，股價出現標誌性見頂賣出訊號時，要立刻離場。

2-4 【首次黏合向上發散型態】若成交量放大，醞釀上漲行情展開

均線首次黏合向上發散型態，是指個股經過較長時間的下跌，至底部區域的築底過程中，或是個股初期上漲之後的橫盤震盪洗盤吸籌的末期。5日、10日和30日均線逐漸收斂，相互纏繞，形成均線黏合型態，然後股價向上突破均線黏合型態，各均線逐漸向上發散。

型態分析

均線首次黏合向上發散型態，為什麼大多出現在個股經過較長時間下跌至底部區域築底後，或是個股初期上漲之後的橫盤震盪洗盤吸籌的末期？

主要原因是主力機構收集籌碼的需要，手中沒有收集到足夠的籌碼，主力機構是不會拉升股價的。底部區域築底就是主力機構收集籌碼的過程，初期上漲之後的橫盤震盪洗盤吸籌，更是主力機構收集籌碼的過程。所以，均線黏合的時間越長，股價突破後的上漲力道就越大。

股價向上突破均線黏合型態，以及均線向上發散初期，如果有放大的成交量配合，突破的可信度及可靠性就更高，預示一波上漲行情（或反彈行情）即將展開。投資者可以在股價向上突破均線黏合型態或均線

向上發散初期，選擇時機進場逢低買進籌碼。

　　這裡主要分析研究股價經過較長時間下跌至底部區域築底後，或是個股初期上漲後展開橫盤震盪洗盤吸籌末期，所形成的均線首次黏合向上發散型態。出現在上漲中期橫盤震盪整理末期形成的均線再次黏合向上發散型態，放在後面章節詳細說明。

實戰運用 1：資訊傳輸、軟體業

　　圖表2-14是鼎捷軟體（300378）2020年6月30日的K線走勢圖。在看盤軟體上將該股整個K線走勢縮小後可以看出，該股走勢處於上升趨勢中。

　　股價從前期相對高位2019年4月11日的最高價25.99元，一路震盪下跌，至2020年5月25日最低價12.17元止跌回穩，下跌時間長、跌幅大。尤其是下跌後期的幾個交易日，主力機構借助當時大盤大跌之勢，加速殺跌洗盤，均線呈空頭排列型態。股價下跌期間有過多次反彈，且反彈幅度較大。

　　2020年5月25日股價止跌回穩後，主力機構快速推升股價，收集籌碼，展開強勢橫盤震盪整理洗盤吸籌行情，K線走勢呈紅多綠少、紅肥綠瘦態勢。橫盤震盪整理中後期，短期均線由下行逐漸走平，5日、10日均線最先纏繞黏合，之後5日、10日和30日均線纏繞黏合，60日和120日均線向下移動。

　　6月29日該股開低，收出一根中陽線，突破前高，成交量較前一交易日明顯放大。股價向上突破由5日、10日、30日均線形成的均線黏合型態，5日、10日、30均線翹頭向上，開始向上發散，均線首次黏合向上發散型態成形。

圖表2-14　鼎捷軟體（300378）2020/6/30的K線走勢圖

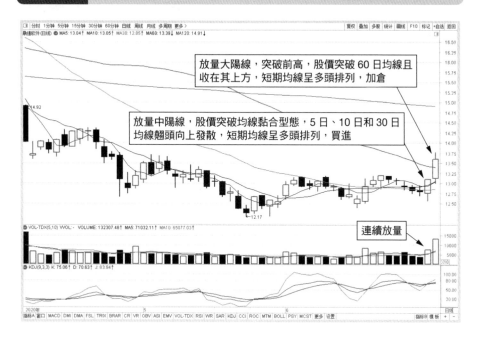

　　短期均線呈多頭排列，MACD、KDJ等各項技術指標開始走強，股價的強勢特徵已經顯現，後市上漲的機率大，投資者可以在當日或次日進場逢低買進籌碼。

　　6月30日，該股跳空開高，收出一根大陽線，突破前高，成交量較前一交易日大幅放大，當日股價向上突破60日均線且收在60日均線上方，5日、10日、30均線繼續向上發散。

　　短期均線呈多頭排列，MACD、KDJ等各項技術指標走強，股價的強勢特徵已經非常明顯，後市持續快速上漲的機率大。看到這種情況，投資者可以在當日或次日進場逢低加倉買進籌碼。

圖表2-15　鼎捷軟體（300378）2020/8/12的K線走勢圖

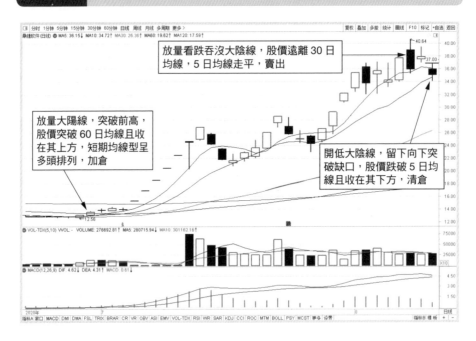

　　圖表2-15是鼎捷軟體（300378）2020年8月12日的K線走勢圖。從K線走勢可以看出，2020年6月30日，該股跳空開高，收出一根放量大陽線，突破前高。當日股價向上突破60日均線且收在60日均線上方，5日、10日、30均線繼續向上發散，短期均線呈多頭排列，股價的強勢特徵相當明顯。之後，主力機構依託5日均線繼續向上拉升股價。

　　觀察該股K線趨勢，7月1日至3日，主力機構連續強勢整理了3個交易日，正是投資者進場逢低買進籌碼的好時機。此後，主力機構依託5日均線，採取直線拉升、盤中洗盤、迅速拔高的操盤手法，急速向上拉升股價。至2020年7月14日，7個交易日的時間，拉出了6個漲停板，其中5

個一字漲停板，1個大陽線漲停板，漲幅可觀。

　　7月15日，該股大幅跳空開低，股價回落跌停，收出一根跌停大陰線，成交量較前一交易日大幅萎縮，主力機構展開強勢縮量回檔洗盤。投資者可以在當日或次日逢高先賣出手中籌碼，待股價回檔洗盤到位後再將籌碼買回來，也可以持股先觀察，視情況再做決策。

　　7月21日該股開低，收出一根大陽線，成交量較前一交易日萎縮，股價拉回到5日、10日均線之上，5日均線向上穿過10均線形成黃金交叉，回檔洗盤行情結束。投資者可以在當日或次日進場加倉買進籌碼。22日、23日主力機構連續拉出兩個漲停板。

　　7月24日，該股大幅跳空開低，收出一根跌停大陰線，成交量較前一交易日大幅萎縮，主力機構再次展開強勢縮量回檔洗盤。投資者可以在當日或次日先賣出手中籌碼，待股價回檔洗盤到位後再買進，也可以持股先觀察，視情況再做決定。

　　7月29日該股開高，拉出一個大陽線漲停板，成交量較前一交易日萎縮，股價突破且收在5日均線上方，回檔洗盤行情結束，投資者可以在當日或次日進場加倉買進籌碼。之後，主力機構展開快速拉升行情。

　　8月10日，該股大幅跳空開高，股價衝高回落，收出一根看跌吞沒大陰線（高位看跌吞沒陰線為見頂訊號），成交量較前一交易日明顯放大。顯露出主力機構利用大幅開高、盤中拉高等操盤手法，引誘跟風盤進場而大量出貨的跡象。

　　此時，股價遠離30日均線且漲幅大，5日均線走平，KDJ等部分技術指標開始走弱，盤面的弱勢特徵已經顯現。投資者如果手中還有籌碼沒有出清，應該在次日逢高賣出手中籌碼。

　　8月12日，該股大幅跳空開低（向下跳空5.01%開盤），收出一根大陰線，向下突破缺口，成交量與前一交易日基本持平，股價跌破5日均線

且收在5日均線下方，5日均線反轉下行。股價遠離30日均線且漲幅大，MACD、KDJ等技術指標走弱，盤面的弱勢特徵相當明顯。投資者如果手中還有籌碼沒有出清，次日應該逢高清倉，後市繼續看跌。

實戰運用 2：製造業

圖表2-16是清水源（300437）2021年8月31日的K線走勢圖。從K線走勢可以看出，該股走勢處於上升趨勢中。股價從前期相對高位，即2019年3月25日的最高價18.58元，一路震盪下跌，至2021年2月4日的最低價6.66元止跌回穩，下跌時間長、跌幅大。

尤其是下跌後期的幾個交易日，主力機構借助當時大盤大跌之勢，加速殺跌洗盤，均線呈空頭排列型態。股價下跌期間有過多次反彈，且反彈幅度大。

2021年2月4日股價止跌回穩後，主力機構快速推升股價，收集籌碼，然後展開大幅震盪盤升行情，低買高賣賺取價差，獲利與洗盤吸籌並舉。期間主力機構拉出過3個大陽線漲停板，均為吸籌建倉型漲停板。

震盪盤升期間，短期均線由下行反轉向上走平，5日、10日和30日均線逐漸纏繞黏合，60日和120日均線由下行逐漸走平，然後緩慢翹頭向上移動。

8月30日該股以平盤開出，收出一根大陽線（收盤漲幅7.98%），突破前高，成交量較前一交易日放大兩倍多，股價向上突破5日、10日、30日、60日和120日均線（一陽穿5線），上漲初期均線蛟龍出海型態成形。

均線（除5日均線外）呈多頭排列，MACD、KDJ等各項技術指標開始走強，股價的強勢特徵已經顯現，後市上漲的機率大，投資者可以在

圖表2-16 清水源（300437）2021/8/31的K線走勢圖

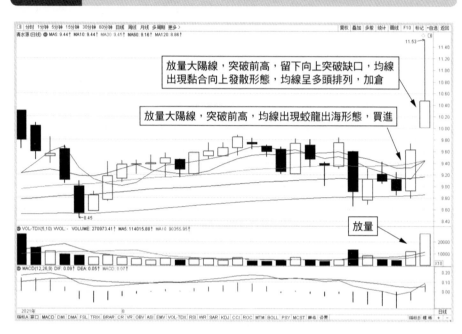

當日或次日進場逢低分批買進籌碼。

8月31日，該股跳空開高（向上跳空3.95%開盤），收出一根大陽線（收盤漲幅8.72%），突破前高，留下向上突破缺口，成交量較前一交易日放大兩倍多。股價突破由5日、10日、30日均線形成的均線首次黏合型態，5日、10日、30均線由黏合開始向上發散，60日、120日均線向上移動，均線呈多頭排列。

MACD、KDJ等各項技術指標走強，股價的強勢特徵已經相當明顯，後市快速上漲的機率大。這時候，投資者可以在當日或次日進場加倉買進籌碼，然後持股待漲，待股價出現明顯見頂訊號時再賣出。

圖表2-17　清水源（300437）2021/11/11的K線走勢圖

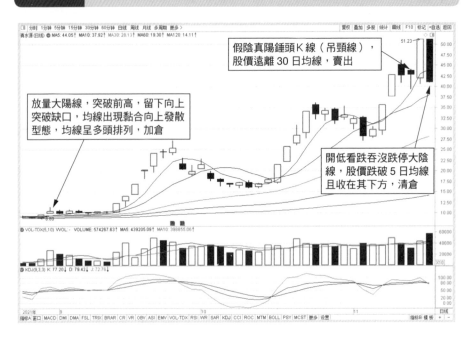

圖表2-17是清水源（300437）2021年11月11日的K線走勢圖。從K線走勢可以看出，8月31日，該股開高收出一根放量大陽線（漲幅8.72%），突破前高，留下向上突破缺口。股價突破由5日、10日和30日均線形成的均線首次黏合型態，5日、10日和30均線由黏合開始向上發散，60日、120日均線向上移動，均線呈多頭排列，股價的強勢特徵相當明顯。

從9月1日起至8日，主力機構連續強勢整理了6個交易日，成交量呈現萎縮狀態，正是投資者進場逢低買進籌碼的好時機。從9月9日開始，主力機構依託5日均線，採取直線拉升、盤中洗盤、迅速拔高的操盤手

法，急速向上拉升股價。

至2021年9月17日，7個交易日的時間，拉出了7根陽線（一根假陰真陽十字星），其中4個漲停板，包括3個大陽線漲停板、1個T字漲停板。

9月29日，該股大幅跳空開低（向下跳空14.30%開盤），股價回落跌停，收出一根跌停陰K線，成交量較前一交易日大幅萎縮，主力機構展開縮量回檔洗盤行情。投資者可以在當日或次日逢高先賣出手中籌碼，待股價回檔洗盤到位後再將籌碼買回來，也可以持股先觀察，看情況再做決定。

10月20日該股開低，收出一個大陽線漲停板，突破前高，成交量較前一交易日萎縮，形成大陽線漲停K線型態。5日均線向上穿過10日均線形成黃金交叉，股價收在5日和10日均線之上，回檔洗盤行情結束。

均線呈多頭排列，MACD、KDJ等各項技術指標開始走強，股價的強勢特徵已經顯現。投資者可以在當日搶漲停板或在次日進場加倉買進籌碼。之後，主力機構連續拉出3根大陽線，其中2個為大陽線漲停板。

10月26日，該股大幅開高（向上跳空4.87%開盤），股價衝高回落，收出一根小陰線，成交量較前一交易日萎縮，主力機構再次展開縮量回檔洗盤行情。這時候，投資者可以在當日或次日逢高先賣出手中籌碼，待股價回檔洗盤到位後再將籌碼買回來，也可以持股先觀察，視情況再做決定。

11月4日該股開低，收出一個大陽線漲停板，突破前高，成交量較前一交易日萎縮，形成大陽線漲停K線型態。5日均線向上穿過10均線形成黃金交叉，股價收在5日和10日均線之上，回檔洗盤行情結束。投資者可以在當日搶漲停板或在次日進場買進籌碼。此後，主力機構再次展開拉升行情。

11月9日該股開高，收出一根假陰真陽錘頭K線（高位或相對高位的

錘頭線又稱為上吊線或吊頸線），成交量較前一交易日萎縮，加上前一交易日收出的螺旋槳陰K線，透露出主力機構利用開高、盤中拉高的操盤手法，引誘跟風盤進場而大量出貨的跡象。

此時，股價遠離30日均線且漲幅較大，KDJ等部分技術指標開始走弱，盤面的弱勢特徵已經顯現。由於均線的滯後性，投資者如果手中還有籌碼沒有出清，不用等到5日均線走平或反轉向下，在次日逢高先賣出手中籌碼。

11月11日該股開低，股價回落，收出一根看跌吞沒跌停大陰線（高位看跌吞沒陰線為見頂訊號）。股價跌破5日均線且收在5日均線的下方，成交量較前一交易日明顯放大，顯示主力機構毫無顧忌打壓出貨的堅決態度。

股價遠離30日均線且漲幅大，MACD、KDJ等技術指標走弱，盤面的弱勢特徵已經相當明顯。投資者如果手中還有籌碼沒有出清，次日應該逢高清倉。

操作提點

在實際操作過程中，投資者需要留意，若**均線首次黏合向上發散型態出現在下行的60日（120日）均線之下，則大多是反彈行情**。如果進場買進籌碼，要注意盯盤，出現明確整理訊號後，可以先賣出持股，繼續追蹤觀察，等股價突破60日均線之後，再進場加碼買進。

2-5 【首次交叉向上發散型態】在下行 60 日均線下，多是短期反彈

均線首次交叉向上發散型態，是股價在較長時間下跌後止跌回升的過程中，或股價橫盤震盪洗盤吸籌的末期，短期均線向上穿過長期均線所形成的均線型態。

🖐 型態分析

均線首次交叉向上發散型態，可稱之為均線首次複合黃金交叉型態，是指個股經過較長時間下跌後止跌回穩，5日、10日和30日均線跟隨股價由向下空頭發散，逐漸收斂，到反轉向上首次同時交叉（黃金交叉）於一點，隨後向上多頭發散。

可以出現在長期下降趨勢的中期反彈行情初期，或是長期上升趨勢的中期整理行情末期，或者長期上升趨勢的初期。5日、10日和30日均線在首次交叉逐漸向上多頭發散後，演變成均線多頭排列型態。

均線首次交叉向上發散型態與均線首次黏合向上發散型態相比較，都是在市場底部或者整理行情末期經常出現的一種均線買進訊號。而且，當這種首次交叉（黏合）向上發散型態出現後，一般都會有一波不錯的上漲（反彈）行情。

兩者主要區別是：均線首次黏合向上發散型態是股價止跌後，在底部區域展開一段時間的（震盪）整理之後所形成，均線（5日、10日和30日均線）由向下移動反轉向上走平，逐漸纏繞黏合到黏合向上發散。

而均線首次交叉向上發散型態，是均線跟隨股價由向下空頭發散，逐漸收斂，到反轉向上移動同時交叉向上發散形成的。股價牽引均線在底部區域可能有短時間的（整理）盤升過程，但均線很少有纏繞黏合的狀態。

均線首次交叉向上發散型態成形後，均線向上發散的角度越大，股價突破之後的短期上漲力道就越大。股價向上突破均線交叉型態，以及均線向上發散初期，如果有放大的成交量配合，突破的可信度和可靠性就更高，預示一波上漲行情即將展開。投資者可以在股價向上突破均線交叉型態或均線向上發散初期，找時機進場逢低買進籌碼。

本章節主要對個股經過較長時間下跌後止跌回穩，所形成的均線首次交叉向上發散型態進行分析研究，出現在上漲中期橫盤震盪整理末期形成的均線，再次交叉向上發散型態，放在後面章節詳述。

實戰運用1：製造業

圖表2-18是金沃股份（300984）2021年11月5日的K線走勢圖。從K線走勢可以看出，該股2021年6月18日上市，當日上漲至最高價65.00元回落，然後一路震盪下跌，至10月28日的最低價37.88元止跌回穩，下跌時間雖然不長，但跌幅大。

尤其是下跌後期的兩個交易日，主力機構借助當時大盤大跌之勢，加速殺跌洗盤，均線呈空頭排列型態。股價下跌期間有過一次較大幅度的反彈10月28日股價止跌回穩後，主力機構展開強勢橫盤整理行情，洗

圖表2-18　金沃股份（300984）2021/11/5的K線走勢圖

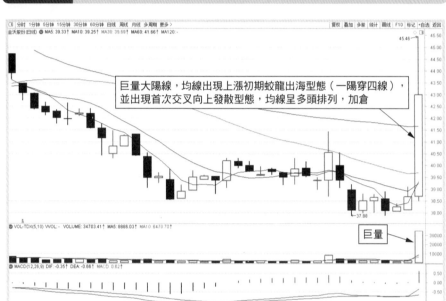

巨量大陽線，均線出現上漲初期蛟龍出海型態（一陽穿四線），並出現首次交叉向上發散型態，均線呈多頭排列，加倉

巨量

盤吸籌。

　　11月3日該股開低，收出一根小陽線，成交量較前一交易日萎縮，5日均線由向下移動翹頭向上移動。11月4日，該股繼續開低，收出一根小陽線，成交量較前一交易日明顯放大，股價向上突破5日均線且收在5日均線上方，10日均線翹頭向上移動。

　　11月5日該股開高，收出一根大陽線，成交量較前一交易日放大14倍多，收盤漲幅11.17%，股價向上突破5日、10日、30日和60均線（一陽穿4線），均線蛟龍出海型態形成。5日均線向上穿過10日和30均線形成黃金雙交叉，30日、60日均線向上移動，均線首次交叉向上發散型態（或

均線首次複合黃金交叉型態）成形。

均線呈多頭排列，MACD、KDJ等各項技術指標走強，股價的強勢特徵相當明顯，後市快速上漲的機率大，投資者可以在當日或次日進場加倉買進籌碼。

圖表2-19是金沃股份（300984）2022年1月18日的K線走勢圖。從K線走勢可以看出，11月5日該股開高收出一根巨量大陽線，股價向上突破5日、10日、30日和60均線，均線出現蛟龍出海型態。

5日均線向上穿過10日和30均線形成黃金雙交叉，30日、60日均線上行，均線首次交叉向上發散型態（或均線首次複合黃金交叉型態）形成，均線呈多頭排列，股價的強勢特徵相當明顯。之後，主力機構展開向上拉升行情。

11月10日，該股大幅開低，收出一根中陰線，成交量較前一交易日大幅萎縮，主力機構展開強勢縮量洗盤整理行情。投資者可以在當日或次日逢高先賣出手中籌碼，待股價洗盤整理到位後再將籌碼買回來，也可以持股先觀察，視情況再做決定。洗盤整理期間，5日、10日均線相互纏繞時而上下交叉黏合，成交量呈間斷性放（縮）量狀態。

12月10日該股開低，收出一根中陽線，突破前高，成交量較前一交易日放大近3倍，股價向上突破且收在5日、10日均線上方，30日、60日和120日均線向上移動，洗盤整理行情結束。

此時，均線呈多頭排列，MACD、KDJ等各項技術指標開始走強，股價的強勢特徵已經顯現，投資者可以在當日或次日進場加倉買進籌碼。此後，主力機構加速向上拉升股價。

2022年1月11日，該股大幅跳空開高，股價衝高回落，收出一根螺旋槳陽K線（高位或相對高位的螺旋槳K線又稱為變盤線或轉勢線），成交量較前一交易日明顯放大。加上前一交易日收出的螺旋槳陽K線，顯露

圖表2-19	金沃股份（300984）2022/1/18的K線走勢圖

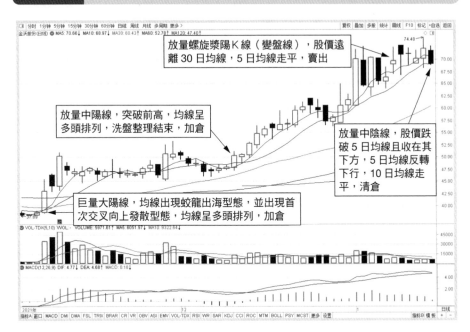

出主力機構利用開高、盤中拉高的操盤手法，引誘跟風盤進場而大量出貨的跡象。

　　股價遠離30日均線且漲幅較大，5日均線走平，KDJ等部分技術指標開始走弱，盤面的弱勢特徵已經顯現。投資者如果手中還有籌碼沒有出清，次日應該逢高賣出。

　　1月18日該股開低，股價衝高回落，收出一根中陰線，成交量較前一交易日放大，股價跌破5日均線且收在5日均線下方（當日股價跌破10日均線拉回）。

　　5日均線反轉下行，10日均線走平，顯露出主力機構毫無顧忌打壓出

貨的堅決態度。股價遠離30日均線且漲幅大，MACD、KDJ等技術指標走弱，盤面的弱勢特徵已經相當明顯。投資者如果手中還有籌碼沒有出清，次日應該逢高清倉，後市繼續看跌。

實戰運用 2：製造業

圖表2-20是科泰電源（300153）2021年4月22日的K線走勢圖。從K線走勢可以看出，該股走勢處於上升趨勢中。股價從前期相對高位，即2020年11月9日的最高價12.56元，一路震盪下跌，至2021年2月9日的最低價4.38元止跌回穩，下跌時間不是很長，但跌幅大。

尤其是下跌後期的幾個交易日，主力機構借助當時大盤下跌之勢，加速殺跌洗盤，均線呈空頭排列型態，股價下跌期間有過一次較大幅度的反彈。

2021年2月9日股價止跌回穩後，主力機構快速推升股價，收集籌碼，然後展開橫盤震盪整理洗盤吸籌行情。橫盤震盪整理洗盤吸籌期間，短期均線由下行逐漸走平，5日、10日均線最先纏繞交叉（黏合），之後5日、10日、30日和60日均線纏繞交叉（黏合），120日均線在股價上方下行，成交量呈萎縮狀態。

4月22日該股開低，收出一個大陽線漲停板，突破前高，成交量較前一交易日放大近13倍，形成巨量大陽線漲停K線型態。股價向上突破5日、10日、30日和60均線（一陽穿4線），均線蛟龍出海型態形成。

5日均線向上穿過10日、30均線形成黃金雙交叉，30日、60日均線向上移動，均線首次交叉向上發散型態（或均線首次複合黃金交叉型態）成形。均線（除120日均線外）呈多頭排列，MACD、KDJ等各項技術指標走強，股價的強勢特徵已經相當明顯，後市快速上漲的機率大，投資

圖表2-20　科泰電源（300153）2021/4/22的K線走勢圖

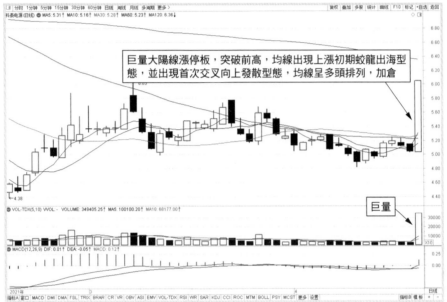

者可以在當日或次日進場加倉買進籌碼。

　　下頁圖表2-21是科泰電源（300153）2021年8月17日的K線走勢圖。從K線走勢可以看出，4月22日該股開低，收出一個巨量大陽線漲停板，突破前高，形成大陽線漲停K線型態。

　　當日股價向上突破5日、10日、30日和60均線，均線出現蛟龍出海型態。5日均線向上穿過10日、30均線形成黃金雙交叉，30日、60日均線向上移動，均線首次交叉向上發散型態（或均線首次複合黃金交叉型態）形成，均線呈多頭排列，股價的強勢特徵相當明顯。之後，主力機構展開向上拉升行情。

圖表2-21 科泰電源（300153）2021/8/17的K線走勢圖

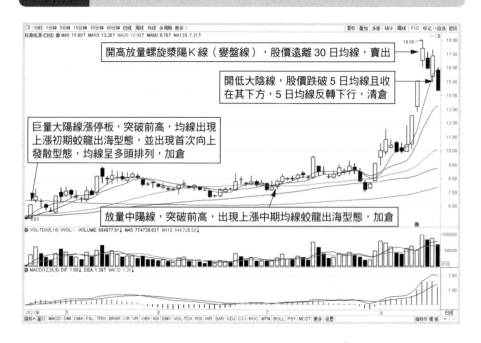

開高放量螺旋漿陽K線（變盤線），股價遠離30日均線，賣出

開低大陰線，股價跌破5日均線且收在其下方，5日均線反轉下行，清倉

巨量大陽線漲停板，突破前高，均線出現上漲初期蛟龍出海型態，並出現首次向上發散型態，均線呈多頭排列，加倉

放量中陽線，突破前高，出現上漲中期均線蛟龍出海型態，加倉

　　5月17日，該股大幅跳空開高（向上跳空7.41%開盤），股價回落，收出一根長下影線陰K線，成交量較前一交易日明顯放大（前一交易日為大陽線漲停板，成交量自然較小），主力機構展開強勢洗盤整理。

　　投資者可以在當日或次日先賣出手中籌碼，待股價洗盤整理到位後再將籌碼買回來，也可以持股先觀察，視情況再做決策）。洗盤整理期間，5日、10日均線相互纏繞時而上下交叉黏合，成交量呈間斷性放（縮）量狀態。

　　7月5日該股開高，收出一根中陽線，突破前高，成交量較前一交易日明顯放大，股價向上穿過5日、10日、30日均線（一陽穿3線），60

日、120日均線在股價下方向上移動，上漲中期均線蛟龍出海型態形成，洗盤整理結束。

此後，股價依託5日均線一路上行，期間主力機構又展開過兩次強勢洗盤整理行情。7月26日展開的這一次洗盤整理屬於主力機構快速拉升前的挖坑打壓洗盤，時間雖然只有3個交易日，但股價跌破了60日均線，威懾力比較大。

8月4日展開的這一次洗盤整理行情，屬於快速拉升過程中的強勢整理，股價跌破5日均線很快拉回，因為主力機構不想打壓太深，一是怕丟失手中籌碼，二是給投資者造成一種強勢整理之後，股價將持續快速上漲的盤感，以便在拉升過程中悄悄出貨。之後，主力機構加速向上拉升股價。

8月12日，該股大幅跳空開高（向上跳空9.85%開盤），股價衝高回落，收出一根螺旋槳陽K線（高位或相對高位的螺旋槳K線又稱為變盤線或轉勢線），成交量較前一交易日放大近兩倍，顯示主力機構利用開高、盤中展開高位震盪的操盤手法，引誘跟風盤進場而大量出貨的跡象。

此時，股價遠離30日均線且漲幅較大，KDJ等部分技術指標開始走弱，盤面的弱勢特徵已經顯現。由於均線的滯後性，投資者如果手中還有籌碼沒有出清，不用等到5日均線走平或反轉下行，在次日逢高先賣出手中籌碼。

8月17日，該股大幅跳空開低（向下跳空6.05%開盤），股價回落，收出一根大陰線（收盤跌幅14.96%），成交量較前一交易日萎縮，股價跌破5日均線，且收在5日均線下方，5日均線反轉下行，顯露出主力機構毫無顧忌打壓出貨的堅決態度。

股價遠離30日均線且漲幅大，MACD、KDJ等技術指標走弱，盤面

的弱勢特徵已經相當明顯。投資者如果手中還有籌碼沒有出清,次日應該逢高清倉,後市繼續看跌。

🖐 操作提點

理論上,均線首次交叉向上發散型態,一般要求5日、10日和30日均線在同一時間、同一點位首次黃金交叉,但在實戰操作中,這種情況出現比較少。

實戰操作中,可以把時間(距離)間隔很近的兩個黃金交叉點視為首次交叉向上發散型態,例如,把型態較小的銀山谷前兩次黃金交叉,當做首次交叉向上發散型態來看待。

此外,投資者還要注意的是,**如果均線首次交叉向上發散型態出現在下行的60日(120日)均線之下,則大多是短期反彈行情。若進場買進籌碼,則要注意盯盤,出現明確整理訊號時,可以先逢高賣出持股,**繼續追蹤觀察,待股價突破60日(120日)均線之後,再進場加倉買進籌碼。

2-6 【銀山谷型態】尖頭朝上不規則三角形，表明積蓄上攻能量

均線銀山谷型態是在股價上漲過程中，均線黃金交叉型態之後，短中期均線向上穿過中長期均線所形成的均線型態。

型態分析

均線銀山谷型態，也可稱為銀山谷或價托，是指個股經過較長時間的下跌回穩、回升，或震盪整理洗盤再度上漲後，均線跟隨股價反轉向上移動。

向上移動一定時間後，短期均線由下而上穿過中期均線，中期均線由下而上穿過長期均線，所形成的一個尖頭朝上、不規則三角形；這個不規則三角形，就是均線銀山谷型態。

均線銀山谷的形成，表明多方已經積蓄了足夠大的上攻能量，這既是一個見底訊號，也是一個後市看多，可以進場買進籌碼的訊號。

隨著股價上漲，均線在相對低位逐步形成黃金交叉型態，然後再形成均線銀山谷型態，顯現出均線由空頭排列逐漸演變為多頭排列型態的過程，這就是後市股價上漲（或反彈）的訊號。

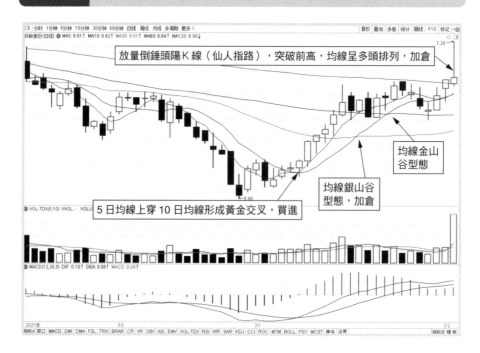

圖表2-22　躍嶺股份（002725）2021/12/2的K線走勢圖

放量倒錘頭陽K線（仙人指路），突破前高，均線呈多頭排列，加倉

均線金山谷型態

均線銀山谷型態，加倉

5日均線上穿10日均線形成黃金交叉，買進

🖐️ 實戰運用1：製造業

　　圖表2-22是躍嶺股份（002725）2021年12月2日的K線走勢圖。從K線走勢可以看出，該股走勢處於上升趨勢中。股價從前期相對高位2020年7月14日的最高價13.14元，一路震盪下跌，至2021年10月28日最低價5.95元止跌回穩，下跌時間較長，跌幅大。

　　尤其是下跌後期的幾個交易日，主力機構借助當時大盤大跌之勢，加速殺跌洗盤，收集了不少籌碼建倉，此時均線呈空頭排列型態。股價下跌期間有過多次反彈，且反彈幅度較大。

　　2021年10月28日股價止跌回穩後，主力機構開始快速推升股價，收集籌碼，K線走勢呈紅多綠少，紅肥綠瘦態勢，底部逐漸抬高。

　　11月4日該股開高，收出一根小陽線，突破前高，成交量較前一交易日明顯放大。股價突破5日均線且收在5日均線上方，5日均線由走平翹頭向上移動。

　　11月8日該股以平盤開出，收出一根小陽線，突破前高，成交量較前一交易日放大。股價突破5日、10日均線且站在5日、10日均線上方，10日均線由走平翹頭向上移動，5日均線向上穿過10日均線，形成黃金交叉型態。

　　MACD、KDJ等各項技術指標開始走強，股價的強勢特徵開始顯現，後市上漲的機率大。這個時候，投資者可以在當日或次日進場逢低分批買進籌碼。

　　11月12日該股開高，收出一根中陽線，突破前高，成交量較前一交易日明顯放大，股價突破30日均線且收在30日均線上方。5日均線向上穿過30日均線形成黃金交叉型態，30日均線走平，主力機構繼續向上拉升股價。

　　11月17日該股以平盤開出，收出一根小陽線，成交量與前一交易日基本持平，股價突破60日均線且站在60日均線上方，5日均線向上穿過60日均線形成交叉型態，60日均線下行，30日均線翹頭上行。

　　10日均線向上穿過30日均線，形成均線黃金交叉型態，均線銀山谷型態成形。此時，短期均線呈多頭排列，MACD、KDJ等各項技術指標走強，股價的強勢特徵已經比較明顯，後市持續上漲的機率大，投資者可以在當日或次日進場逢低加倉買進籌碼。

　　由於上方120日均線的壓制，加上股價已拉升至2021年9月14日下跌以來的密集成交區，主力機構採取邊拉邊洗的操盤手法，緩慢向上推升

股價，消化前期獲利盤和套牢盤，等待60日和120日均線走強。

11月22日該股開高，收出一根十字星，成交量較前一交易日萎縮，10日均線向上穿過60日均線形成黃金交叉型態，金山谷型態成形。

12月2日該股開低，收出一根長上影線倒錘頭陽K線（可視為仙人指路K線），突破前高，成交量較前一交易日放大3倍多，股價向上突破120日均線且收在120日均線上方。5日、10日、30日和60日均線向上移動，短中期均線呈多頭排列之勢，個股的強勢特徵十分明顯。後市持續快速上漲的機率大，投資者可以在當日或次日進場加倉買進籌碼。

圖表2-23是躍嶺股份（002725）2021年12月21日的K線走勢圖。從K線走勢可以看出，12月2日，該股開低收出一根放量長上影線倒錘頭陽K線（可視為仙人指路K線），突破前高，股價向上突破120日均線且收在120日均線上方，短中期均線呈多頭排列，股價的強勢特徵相當明顯。之後，主力機構展開向上拉升行情。

從拉升情況看，12月3日該股以平盤開出，收出一根小陽線，主力機構強勢整理了一個交易日，成交量較前一交易日大幅萎縮，正是投資者進場買進籌碼的好時機。

自12月6日開始，主力機構依託5日均線，採取直線拉升、盤中洗盤、迅速拔高的操盤手法，急速向上拉升股價。至12月14日，7個交易日拉出了7個漲停板，其中3個大陽線漲停板，2個小陽線漲停板，一個一字漲停板，一個T字漲停板，漲幅非常大。此後，主力機構繼續展開震盪盤升行情，表面上看是拉升股價，實際上是在悄悄出貨手中籌碼。

12月17日，該股大幅跳空開低（向下跳空4.80%開盤），股價衝高回落，收出一根螺旋槳陽K線（高位或相對高位的螺旋槳K線又稱為變盤線或轉勢線），成交量較前一交易日萎縮。加上前一交易日收出的螺旋槳陽K線，顯露出主力機構採取盤中拉高的操盤手法，引誘跟風盤進場而

圖表2-23　躍嶺股份（002725）2021/12/21的K線走勢圖

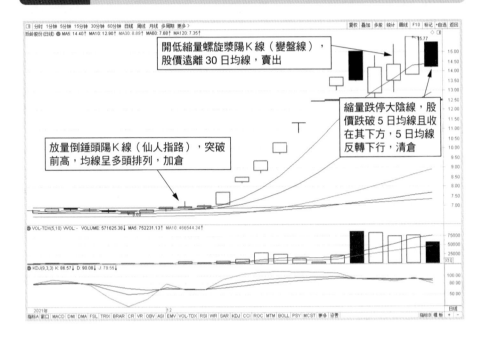

大量出貨的跡象。

　　股價遠離30日均線且漲幅較大，KDJ等部分技術指標開始走弱，盤面的弱勢特徵已經顯現。由於均線的滯後性，投資者如果手中還有籌碼沒有出清，可以不用等5日均線走平或反轉下行，在次日逢高先賣出手中籌碼。

　　12月21日該股開低，股價直接回落，收出一根跌停大陰線，成交量較前一交易日大幅萎縮。股價跌破5日均線且收在5日均線下方，5日均線反轉下行，呈現出主力機構毫無顧忌堅決出貨的態度。

　　這時，股價遠離30日均線且漲幅大，MACD、KDJ等技術指標走

弱，盤面的弱勢特徵已經相當明顯。投資者如果手中還有籌碼沒有出清，次日應該逢高清倉，後市繼續看跌。

實戰運用 2：製造業

圖表2-24是海泰科（301022）2021年11月15日的K線走勢圖。從K線走勢可以看出，該股2021年7月2日上市，股價上漲至當日的最高價72.06元回落（當日大盤大跌），然後一路震盪下跌，至2021年10月28日最低價33.58元止跌回穩。下跌時間雖然不是很長，但跌幅大。

尤其是下跌後期的幾個交易日，主力機構借助當時大盤大跌之勢，加速殺跌洗盤，收集了不少籌碼建倉，均線呈空頭排列型態，股價下跌期間有過1次較大幅度的反彈。

10月28日股價止跌回穩後，主力機構開始快速推升股價，收集籌碼，K線走勢呈紅多綠少、紅肥綠瘦態勢，成交量溫和放大，底部逐漸抬高。

11月4日該股開低，收出一根小陽線，突破前高，成交量較前一交易日明顯放大，股價突破5日均線且收在5日均線上方，5日均線由走平翹頭上行。11月5日該股開低，收出一根小陽線，成交量較前一交易日明顯放大，股價突破5日、10日均線且收在5日、10日均線上方。

11月8日該股開低，收出一根小陽線，突破前高，成交量較前一交易日明顯放大，當日5日均線向上穿過10日均線形成黃金交叉型態，10日均線走平。MACD、KDJ等各項技術指標開始走強，股價的強勢特徵開始顯現，後市上漲的機率大，投資者可以在當日或次日進場逢低分批買進籌碼。

11月10日該股開高，收出一根中陽線，突破前高，成交量較前一交

圖表2-24　海泰科（301022）2021/11/15的K線走勢圖

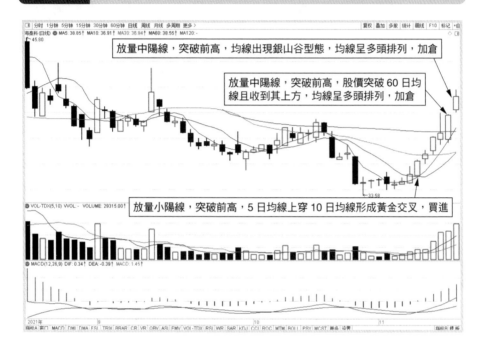

放量中陽線，突破前高，均線出現銀山谷型態，均線呈多頭排列，加倉

放量中陽線，突破前高，股價突破60日均線且收到其上方，均線呈多頭排列，加倉

放量小陽線，突破前高，5日均線上穿10日均線形成黃金交叉，買進

易日明顯放大，股價突破30日均線且收在30日均線上方。11月11日該股開低，收出一根小陽線，突破前高，成交量較前一交易日有效放大，當日5日均線向上穿過30日均線形成黃金交叉型態，30日均線走平。

11月12日該股開低，收出一根中陽線，突破前高，成交量較前一交易日放大，股價突破60日均線且收在60日均線上方。短中期均線呈多頭排列，MACD、KDJ等各項技術指標走強，股價的強勢特徵已經比較明顯，後市持續上漲的機率大。投資者可以在當日或次日進場逢低加倉買進籌碼。

11月15日，該股跳空開高，收出一根中陽線，突破前高，成交量較

前一交易日明顯放大，股價突破60日均線且收在60日均線上方。5日均線向上穿過60日均線形成黃金交叉型態，30日均線、60日均線向上移動；10日均線向上穿過30日均線形成黃金交叉型態，銀山谷型態成形。

由於短中期均線呈多頭排列，MACD、KDJ等各項技術指標走強，股價的強勢特徵已經相當明顯，後市持續快速上漲的機率大。這樣的走勢，投資者可以在當日或次日進場逢低加倉買進籌碼。

圖表2-25是海泰科（301022）2021年11月29日的K線走勢圖。從K線走勢可以看出，11月15日，該股跳空開高收出一根放量中陽線，突破前高，股價突破60日均線且收在60日均線上方。

5日均線向上穿過60日均線形成黃金交叉型態，30日、60日均線向上移動；10日均線向上穿過30日均線形成黃金交叉型態，銀山谷型態成形，短中期均線呈多頭排列，股價的強勢特徵相當明顯。之後，主力機構展開向上拉升行情。

從拉升情況看，11月16日該股開低，收出一根長下影線鎚頭陰K線，主力機構強勢整理了一個交易日，成交量較前一交易日萎縮，正是投資者進場買進籌碼的好時機。

11月17日該股開低，收出一根長上影線倒鎚頭中陽線（可視為仙人指路K線），成交量較前一交易日明顯放大，股價的強勢特徵再現。投資者可以在當日或次日進場逢低加倉買進籌碼。

11月18日該股開低，收出一根長上影線倒鎚頭陰K線，主力機構再次強勢整理了一個交易日，成交量較前一交易日大幅萎縮，同樣是投資者進場買進籌碼的好時機。

幾經周折之後，從11月19日開始，主力機構依託5日均線，採取直線拉升、盤中洗盤、迅速拔高的操盤手法，急速向上拉升股價。至11月23日，連續拉出兩個大陽線漲停板和一根大陽線（收盤漲幅19.64%），3個

圖表2-25　海泰科（301022）2021/11/29的K線走勢圖

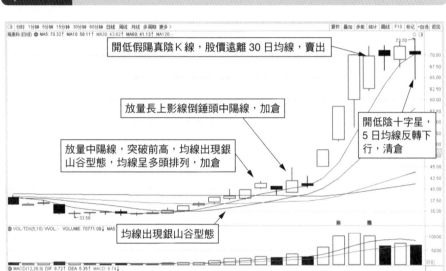

交易日總漲幅近60%，相當可觀。

11月24日，該股大幅開低（向下跳空10.71%開盤），收出一根假陽真陰K線（高位假陽真陰，千萬小心），成交量較前一交易日略萎縮，顯露出主力機構採取大幅開低，然後盤中對敲拉高的操盤手法，引誘跟風盤進場而大量出貨的跡象。

從前一交易日的分時看，主力機構是尾盤封的漲停板，臨近收盤漲停板被打開，主力機構已經出貨不少籌碼，有籌碼的投資者當日就應該趁機迅速賣出手中籌碼。

這時候，股價遠離30日均線且漲幅大，KDJ等部分技術指標開始走

弱，盤面的弱勢特徵已經顯現。由於均線的滯後性，投資者如果手中還有籌碼沒有出清，可以不用等5日均線走平或反轉下行，在次日逢高先賣出手中籌碼。

11月29日該股開低，收出一根陰十字星（高位或相對高位十字星又稱為黃昏之星），成交量較前一交易日萎縮，股價跌破5日均線後拉回5日均線附近收盤，5日均線反轉下行。

股價遠離30日均線且漲幅大，MACD、KDJ等技術指標走弱，盤面的弱勢特徵已經非常明顯。投資者若手中還有籌碼沒有出清，次日要逢高清倉，後市繼續看跌。

操作提點

在實戰操作過程中，投資者要特別關注均線銀山谷型態上方中期或長期均線的運行趨勢和方向。若**股價沒有跌破均線銀山谷型態上方的中期或長期均線，就可以繼續持股待漲，一旦跌破，應該先賣出手中籌碼**，待股價整理到位後再買回來。

2-7 【金山谷型態】與銀山谷相隔越長、位置越高，訊號越準確

均線金山谷型態，是指在股價上漲過程中均線形成銀山谷型態之後，短中期均線向上穿過中長期均線所形成的均線型態。

型態分析

均線金山谷型態也可稱為金山谷，與銀山谷的特徵一樣都是短期均線由下往上穿過中期均線和長期均線，中期均線由下往上穿過長期均線，形成一個尖頭朝上不規則三角形。主要區別在於：最先形成的不規則三角形為銀山谷型態，後面出現的不規則三角形為金山谷型態。

股價經過較長時間的下跌止跌回升，均線跟隨股價在相對低位首先形成黃金交叉型態，然後再形成銀山谷型態。投資者可以在黃金交叉型態和銀山谷型態形成後，進場逢低分批買進籌碼。

股價上漲到一定幅度後，受銀山谷型態上方長期均線的壓制，或主力機構有意打壓股價洗盤吸籌（抑或大盤等大跌）的影響，目標股票展開整理洗盤。

投資者可以先賣出手中籌碼，待黃金交叉型態再次形成後再進場。整理洗盤結束後股價再次上漲，上漲過程中形成的不規則三角形就是均

線金山谷型態，目標股票的K線走勢可能出現W底型態。實戰操作過程中，投資者可以將金山谷做為銀山谷的一種確認訊號來對待。

金山谷可以形成於銀山谷相近的位置，也可以形成於高過銀山谷的位置。這兩種均線型態相隔時間越長，所處的位置越高，進場買進的訊號就越準確，之後股價的上升空間也就越大。

金山谷型態的成形和銀山谷一樣，表明多方已經累積足夠的上攻能量，既是一個股價洗盤整理結束的訊號，也是一個後市看多、可以積極進場逢低買進的訊號。

金山谷型態是建立在黃金交叉型態、銀山谷型態之上的一種買進訊號，其準確率要高於前者，一般情況下，目標股票即將展開一波較大幅度的上漲行情。

實戰運用 1：製造業

圖表2-26是英洛華（000795）2021年11月17日的K線走勢圖。從K線走勢可以看出，該股走勢處於上升趨勢中。

股價從前期相對高位，即2019年5月30日的最高價10.30元，一路震盪下跌，至2020年2月4日的最低價4.59元止跌回穩，下跌時間不是很長，但跌幅大。尤其是下跌後期的幾個交易日，主力機構借助當時大盤大跌之勢，加速殺跌洗盤。股價下跌期間有過兩次反彈，且反彈的幅度較大。

2月4日股價止跌回穩後，主力機構快速推升股價，收集籌碼，然後展開了長時間大幅度的橫盤震盪行情，低買高賣賺取價差，獲利與洗盤吸籌並舉，考驗投資者的信心及耐力。大幅橫盤震盪期間，短、中、長期均線呈現出時而交叉（黏合）的態勢，成交量呈間斷性放（縮）量狀

圖表2-26　英洛華（000795）2021/11/17的K線走勢圖

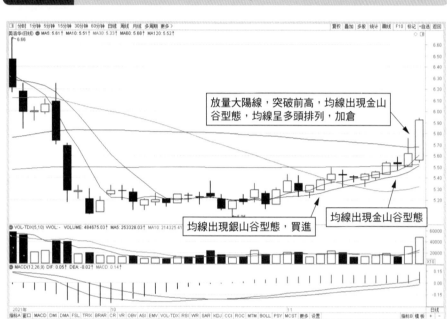

放量大陽線，突破前高，均線出現金山谷型態，均線呈多頭排列，加倉

均線出現銀山谷型態，買進

均線出現金山谷型態

態。

　　2021年9月16日（大幅橫盤震盪行情持續1年7個多月後），主力機構利用大盤大跌的時候，展開挖坑（打壓股價）洗盤吸籌行情。9月30日該股開高，收出一根中陽線，股價止跌回穩，挖坑洗盤吸籌行情結束，均線呈空頭排列型態。

　　隨後主力機構展開小幅震盪盤升行情，繼續洗盤吸籌，成交量逐步放大，底部慢慢抬高。K線走勢呈紅多綠少、紅肥綠瘦態勢，5日、10日均線由走平慢慢翹頭向上移動。

　　10月29日該股以平盤開出，收出一根中陽線，突破前高，成交量較

前一交易日略萎縮，5日均線向上穿過10日均線形成黃金交叉型態。

11月5日，該股以平盤開出，收出一根小陽線，突破前高，成交量較前一交易日明顯放大，5日均線向上穿過30日均線，形成黃金交叉型態，30日、60日均線下行，120日均線上行。

11月9日該股開低，收出一根陰十字星，成交量較前一交易日明顯萎縮，10日均線向上穿過30日均線形成黃金交叉型態，銀山谷型態成形。MACD等部分技術指標開始走強，股價的強勢特徵顯現，後市上漲的機率大。投資者可以在當日或次日進場逢低分批買進籌碼。

11月12日該股開低，收出一根小陽線，突破前高，成交量較前一交易日放大，股價突破且收在120日均線上方。11月16日該股開低，收出一根中陽線，突破前高，成交量較前一交易日放大兩倍多。股價突破且收在120日均線上方，5日均線向上穿過120日均線形成黃金交叉型態。

11月17日該股開低，收出一根大陽線（收盤漲幅5.34%），突破前高，成交量較前一交易日放大，股價突破60日均線且收在所有均線上方。10日均線向上穿過120日均線形成黃金交叉型態，金山谷型態成形。

均線呈多頭排列之勢，MACD、KDJ等各項技術指標走強，股價的強勢特徵已經相當明顯，後市持續快速上漲的機率大。投資者可以在當日或次日進場逢低加倉買進籌碼。

圖表2-27是英洛華（000795）2021年12月3日的K線走勢圖。從K線走勢可以看出，11月17日，該股開低收出一根放量大陽線，突破前高。

股價突破60日均線且收在所有均線上方，10日均線向上穿過120日均線形成黃金交叉型態，金山谷型態成形，均線呈多頭排列，股價的強勢特徵相當明顯。之後，主力機構展開向上拉升行情。

從拉升情況看，11月18日、19日、22日，該股連續收出兩顆十字星和一根小陽線，主力機構展開3個交易日的強勢小幅整理，目的是進行拉

圖表2-27　英洛華（000795）2021/12/3的K線走勢圖

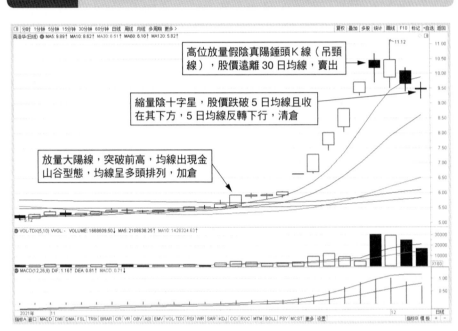

升前的再一次洗盤吸籌，正是投資者進場逢低買進籌碼的好時機。

強勢整理期間，成交量呈萎縮狀態，股價均收在5日均線上方；22日當日，10日均線向上穿過60日均線，形成黃金交叉型態，股價的強勢特徵已經非常明顯。

從11月23日開始，主力機構依託5日均線，採取直線拉升、盤中洗盤、迅速拔高的操盤手法，急速向上拉升股價。至11月29日，連續拉出5個漲停板，其中1個一字漲停板，1個小陽線漲停板和3個大陽線漲停板，漲幅相當可觀。

11月30日，該股大幅開高（向上跳空7.73%開盤），股價回落，收出

一根假陰真陽錘頭K線（高位或相對高位的錘頭線又稱為上吊線或吊頸線），收盤漲幅4.95%，當日成交量較前一交易日放大6倍多，顯露出主力機構採取大幅開高、盤中高位震盪盤整的操盤手法，引誘跟風盤進場而大量出貨的跡象。

此時，股價遠離30日均線且漲幅大，KDJ等部分技術指標開始走弱，盤面的弱勢特徵已經顯現。由於均線的滯後性，投資者如果手中還有籌碼沒有出清，不用等5日均線走平或反轉下行，在次日逢高先賣出手中籌碼。

12月3日該股開低，收出一根陰十字星（高位或相對高位十字星又稱為黃昏之星），成交量較前一交易日萎縮。股價跌破5日均線且收在5日均線下方，5日均線反轉下行。

股價遠離30日均線且漲幅大，MACD、KDJ等技術指標已經走弱，盤面的弱勢特徵非常明顯。投資者若手中還有籌碼沒有出清，次日要逢高清倉，後市繼續看跌。

🖐 實戰運用 2：租賃和商務服務業

圖表2-28是三人行（605168）2021年12月14日的K線走勢圖。從K線走勢可以看出，該股2020年5月28日上市後，股價上漲至7月10日的最高價307.00元，然後一路震盪下跌，至2021年10月28日的最低價104.00元止跌回穩，下跌時間較長，跌幅大。

尤其是下跌後期的幾個交易日，主力機構借助當時大盤大跌，加速殺跌洗盤，均線呈空頭排列型態。股價下跌期間有過多次反彈，且反彈幅度大。

10月28日股價止跌回穩後，主力機構快速推升股價，收集籌碼，成

圖表2-28　三人行（605168）2021/12/14的K線走勢圖

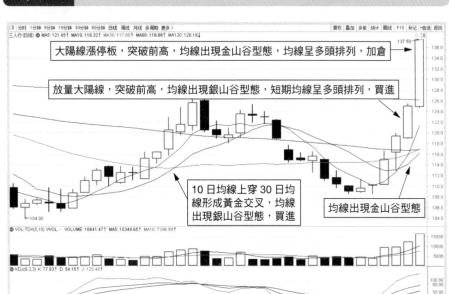

大陽線漲停板，突破前高，均線出現金山谷型態，均線呈多頭排列，加倉

放量大陽線，突破前高，均線出現銀山谷型態，短期均線呈多頭排列，買進

10日均線上穿30日均線形成黃金交叉，均線出現銀山谷型態，買進

均線出現金山谷型態

交量溫和放大，底部逐漸抬高。11月4日該股開高，收出一根中陽線，突破前高，成交量較前一交易日放大，5日均線向上穿過10日均線，形成黃金交叉型態。

11月12日該股以平盤開出，收出一根小陽線，突破前高，成交量較前一交易日略萎縮，股價突破30日均線且收在30日均線上方，5日均線向上穿過30日均線形成黃金交叉型態。

此時，MACD、KDJ等技術指標開始走強，股價的強勢特徵已經開始顯現，後市上漲的機率大，投資者可以在當日或次日進場，逢低分批買進籌碼。

　　11月15日，該股開高，收出一根大陽線，突破前高，成交量較前一交易日明顯放大，10日均線向上穿過30日均線，形成黃金交叉型態；30日均線走平，均線銀山谷型態成形。個股的強勢特徵比較明顯，投資者可以在當日或次日進場加倉買進籌碼。

　　11月18日該股開高，股價衝高至當日最高價126.33元回落，收出一根大陰線，成交量較前一交易日萎縮，股價跌破5日均線且收在5日均線下方，主力機構展開縮量回檔洗盤行情。

　　回檔洗盤的原因，一是該股已有一定漲幅，主力機構有整理的意圖；二是受120日均線的壓制，股價有整理需求。投資者可以在回檔洗盤的當日或次日先賣出手中籌碼，待股價整理到位後再將籌碼買回來。

　　12月6日該股開低，收出一根小陰線，當日股價探至最低價108.60元止跌回穩，均線呈空頭排列型態。隨後主力機構快速向上推升股價，繼續收集籌碼。12月9日該股開高，收出一根大陽線，突破前高，成交量較前一交易日放大兩倍多，股價突破5日、10日均線，且收在5日、10日均線上方。

　　12月10日該股開高，收出一根大陽線，突破前高，成交量較前一交易日放大，股價突破30日、60日均線，且收在60日均線上方，5日均線向上穿過10日均線形成黃金交叉型態。5日、10日和30日均線向上移動，短期均線呈多頭排列。

　　12月13日該股開低，收出一根大陽線，突破前高，成交量較前一交易日明顯放大，當日5日均線向上穿過30日、60日均線形成黃金雙交叉型態，銀山谷型態成形，短期均線呈多頭排列。

　　MACD、KDJ等技術指標開始走強，股價的強勢特徵已經開始顯現，後市上漲的機率大。像這種情況，投資者可以在當日或次日進場逢低買進籌碼。

12月14日該股開低，收出一個大陽線漲停板，突破前高，成交量較前一交易日明顯放大，形成大陽線漲停K線型態。10日均線向上穿過30日和60日均線形成黃金交叉型態，60日均線翹頭上行，金山谷型態成形。

均線（除120日均線外）呈多頭排列，股價的強勢特徵相當明顯，投資者可以在當日或次日進場加倉買進籌碼。

下頁圖表2-29是三人行（605168）2022年1月19日的K線走勢圖。從K線走勢可以看出，12月14日，該股開低收出一個放量大陽線漲停板，突破前高，形成大陽線漲停K線型態。

10日均線向上穿過30日和60日均線形成黃金交叉型態，60日均線翹頭上行，金山谷型態成形，均線呈多頭排列，股價強勢特徵明顯。之後，主力機構繼續向上拉升股價。

12月15日，該股跳空開高，收出一根大陽線，突破前高，留下向上突破缺口，成交量較前一交易日放大近兩倍。12月16日該股開高，股價衝高至當日最高價153.80元回落，收出一根假陰真陽十字星。成交量較前一交易日萎縮，主力機構展開強勢縮量洗盤整理。

投資者可以在當日或次日逢高先賣出，待股價洗盤整理到位後再將籌碼買回來，也可以持股先觀察，視走勢情況再做決定。

洗盤整理的原因，一是股價已上漲至2021年6月30日下跌密集成交區，主力機構有整理的意圖；二是受當時大盤下行的影響，且股價已有一定漲幅，個股有整理需求。在洗盤整理期間，5日、10日均線逐漸走平黏合，成交量呈現萎縮狀態，股價沒有完全回補12月15日留下的向上突破缺口。

12月30日該股開高，收出一個大陽線漲停板，突破前高及平台，成交量較前一交易日放大，股價向上突破且收在5日、10日均線上方，強勢

圖表2-29 三人行（605168）2022/1/19的K線走勢圖

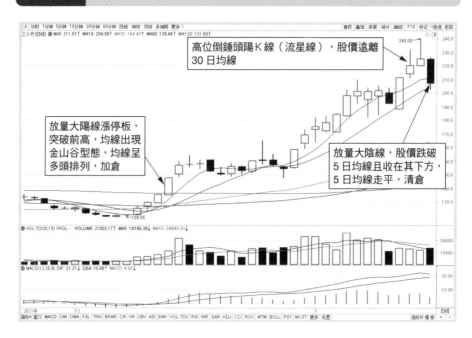

縮量洗盤整理行情結束。

均線呈多頭排列，MACD、KDJ等各項技術指標走強，股價的強勢特徵相當明顯。投資者可以在當日搶漲停板或在次日進場加倉買進籌碼，之後，主力機構依託5日均線快速向上拉升股價。

2022年1月17日，該股開高，股價衝高回落，收出一根倒錘頭陽K線（高位倒錘頭K線又稱為射擊之星或流星線），成交量較前一交易日萎縮，顯露出主力機構採取開高、盤中震盪拉高的操盤手法，引誘跟風盤進場而大量出貨的跡象。

股價遠離30日均線且漲幅大，KDJ等部分技術指標開始走弱，盤面

的弱勢特徵已經顯現。由於均線的滯後性，投資者若手中還有籌碼沒有出清，可以不等5日均線走平或反轉下行，在次日逢高先賣出手中籌碼。

　　1月19日該股開低，股價回落，收出一根大陰線，成交量較前一交易日明顯放大，股價跌破5日均線且收在5日均線下方。5日均線走平，顯示主力機構打壓出貨的堅決態度。

　　股價遠離30日均線且漲幅大，MACD、KDJ等技術指標走弱，盤面的弱勢特徵相當明顯。如果手中還有籌碼沒有出清，次日應該逢高清倉，後市繼續看跌。

操作提點

　　實戰操作過程中，投資者要時刻關注金山谷型態上方中期或長期均線的運行趨勢和方向，**若股價沒有跌破金山谷上方的中期均線或長期均線，可繼續持股待漲，如果跌破，最好先賣出手中籌碼進行追蹤觀察。**

PART 3
上漲中期均線戰法：
洗盤整理後，
主力推升造成 5 種變化

3-1 【第二次黃金交叉型態】主力籌碼集中度高，開啟拉升行情

　　個股經過初期上漲之後，有了一定幅度的漲幅，累積不少獲利盤，主力機構利用此時政策面、基本面、消息面和大盤等因素的影響，透過展開小幅回檔強勢洗盤、深度整理、橫盤震盪整理洗盤等手法，來消化獲利盤，拉高新進場投資者的進場成本，減輕後市上行壓力。

　　洗盤整理結束後，隨著主力機構慢慢推升股價，各種中期強勢均線型態逐漸形成，投資者進場買進籌碼的時機已經到來。例如，橫盤震盪整理末期，均線由黏合逐漸向上發散，如果有放大的成交量配合，這種均線型態就是上漲中期強勢均線型態，即均線再次黏合向上發散型態。

　　均線再次黏合向上發散型態意味著股價突破平台，即將迎來一波上漲行情，是投資者進場買進籌碼的明確訊號。像這樣的上漲中期強勢均線型態，包括：黃金交叉、再次交叉向上發散、蛟龍出海、烘雲托月等均線型態。

　　由於股價初期上漲之後整理幅度和整理時間的不確定性，加上主力機構操盤手操作手法詭譎多變，整理過程中某種均線型態（例如均線黃金交叉、均線黏合向上發散等）可能重複出現多次。

　　所以，在分析研究和運用上漲中期強勢均線型態時，不管是把握大局勢、還是確定買賣點，都不能光看均線型態。一定要結合政策面、大

盤走勢、消息面、目標股票的基本面、成交量以及其他技術指標進行綜合分析，準確判斷。

上漲中期均線黃金交叉型態，是在股價初期上漲行情之後，再次形成的均線黃金交叉型態。

型態分析

上漲中期均線黃金交叉型態，是指個股經過初期上漲（或者反彈）之後，由於有了一定漲幅，或股價遠離30日均線，或受到上方週期較長均線的壓制等因素，主力機構展開洗盤整理，到位確認後，均線跟隨股價上行所形成。

市場表現股價止跌，均線反轉向上跟隨股價移動，向上移動一定時間後，週期較短的均線由下而上穿過週期較長的均線，且週期較長的均線同時向上移動所形成。

由於受政策面、大盤走勢、基本面、消息面等各種因素的影響，加上主力機構操盤手操作手法多變，導致股價上漲過程中的整理洗盤頻率、整理幅度等不盡相同，個股走勢自然錯綜複雜、千變萬化。個股在上漲的過程中，可能會形成多次黃金交叉型態，我們將第二次黃金交叉型態稱為上漲中期均線黃金交叉型態。

實戰運用 1：製造業

下頁圖表3-1是寧波華翔（002048）2019年12月17日的K線走勢圖。從看盤軟體上將該股K線走勢縮小後可以看出，該股走勢處於上升趨勢中。股價從前期相對高位2019年4月15日的最高價14.65元，一路震盪

圖表3-1　寧波華翔（002048）2019/12/17的K線走勢圖

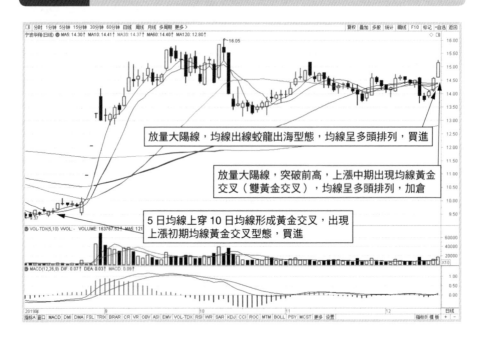

放量大陽線，均線出線蛟龍出海型態，均線呈多頭排列，買進

放量大陽線，突破前高，上漲中期出現均線黃金交叉（雙黃金交叉），均線呈多頭排列，加倉

5日均線上穿10日均線形成黃金交叉，出現上漲初期均線黃金交叉型態，買進

下跌，至2019年8月8日的最低價9.37元止跌回穩，下跌時間雖然不是很長，但跌幅較大。

從2017年11月13日最高價27.99元下跌開始算起，下跌時間長、跌幅大，主力機構洗盤比較徹底，吸籌比較充分，均線呈現空頭排列型態。2019年8月8日股價止跌回穩後，主力機構開始推升股價，收集籌碼。8月13日該股開低，收出一根陰十字星，股價突破5日均線且收在5日均線上方，成交量較前一交易日萎縮，當日5日均線翹頭向上移動。

8月16日該股以平盤開出，收出一根陽十字星，股價突破5日、10日均線且收在5日、10日均線上方，成交量較前一交易日萎縮。5日均線向

上穿過10日均線形成交叉，5日、10日均線向上移動，均線上漲初期黃金交叉型態形成，股價的強勢特徵開始顯現，投資者可以在當日或次日進場逢低分批買進籌碼。此後，股價依託5日均線一路上漲。期間收出了2個一字漲停板，1個小T字漲停板。

9月23日該股開高，股價回落，收出一根陰K線，成交量較前一交易日大幅萎縮，主力機構展開強勢橫盤震盪洗盤整理行情。投資者可以在當日或次日逢高先賣出手中籌碼，待股價洗盤整理到位後再將籌碼買回來，也可以持股先觀察，視情況再做決定。

整理的原因如下：一是股價已上漲至2018年4月12日下跌密集成交區，主力機構有整理的意圖；二是受當時大盤下跌的影響，且股價已有相當的漲幅，個股有整理的需求。橫盤震盪整理洗盤期間，均線由多頭排列逐漸走平，短中期均線由走平逐漸纏繞交叉（黏合），120日均線在股價下方向上移動，成交量呈間斷性放（縮）量狀態。

12月16日該股開高，收出一根大陽線，突破前高，成交量較前一交易日明顯放大。股價向上突破5日、10日、30日和60日均線（一陽穿4線），120日均線在股價下方上行，均線蛟龍出海型態成形。

均線（除60日均線外）呈多頭排列，KDJ等部分技術指標開始走強，股價的強勢特徵比較明顯，後市上漲的機率大。投資者可以在當日或次日進場逢低分批買進籌碼。

12月17日該股開高，收出一根大陽線，突破前高，成交量較前一交易日明顯放大，股價收在所有均線上方，橫盤震盪整理洗盤行情結束。10日均線向上穿過30日、60日均線形成上漲中期均線黃金交叉型態（雙黃金交叉型態），且均線有黏合向上發散態勢。

均線呈多頭排列，MACD、KDJ等技術指標走強，股價的強勢特徵非常明顯，後市持續快速上漲的機率大。投資者可以在當日或次日進場

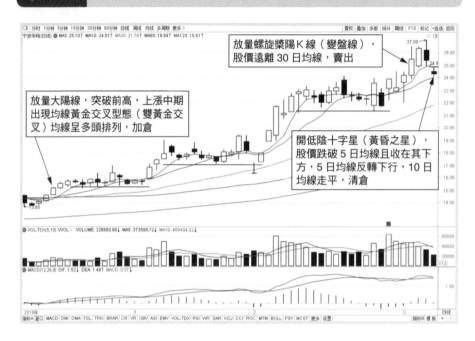

圖表3-2 寧波華翔（002048）2020/3/6的K線走勢圖

逢低加倉買進籌碼。

　　圖表3-2是寧波華翔（002048）2020年3月6日的K線走勢圖。從K線走勢可以看出，12月17日，該股開高收出一根放量大陽線，突破前高，股價收在所有均線上方，橫盤震盪洗盤整理行情結束。

　　10日均線向上穿過30日和60日均線，形成上漲中期均線黃金交叉型態（雙黃金交叉型態），且均線有黏合向上發散態勢，均線呈現多頭排列，股價的強勢特徵已經相當明顯。此後，主力機構繼續向上快速拉升股價。

　　從拉升情況看，主力機構採取台階式推升的操盤手法，依託5日均線

展開拉升行情。股價從低位起來，主力機構籌碼鎖定比較好，採取台階式拉升的操盤手法，主要是透過台階震盪整理，進一步清洗獲利盤、調倉換籌、拉高新入場投資者的買進成本，確保股價穩中上行，一個台階一個台階往上走。

　　主力機構向上展開的三個台階，每個台階整理的時間都比較長，但整理的幅度不大，基本沒有跌破10日均線（即使跌破也很快拉回）。整個上漲過程還是比較順暢，股價漲幅較大。

　　3月3日該股開高，股價衝高回落，收出一根長上影線螺旋槳陽K線（高位或相對高位的螺旋槳K線又稱為變盤線或轉勢線），成交量較前一交易日放大。加上前一交易日收出的開高錘頭陽K線，顯露出主力機構採取開高、盤中震盪拉高的操盤手法，引誘跟風盤進場而大量出貨的跡象。

　　此時股價遠離30日均線且漲幅大，KDJ等部分技術指標開始走弱，盤面的弱勢特徵已經顯現。由於均線的滯後性，投資者如果手中還有籌碼沒有出清，可以不等5日均線走平或反轉下行，在次日逢高先賣出手中籌碼。

　　3月6日，主力機構大幅開低（向下跳空3.24%開盤），收出一根陰十字星（高位或相對高位十字星又稱為黃昏之星），留下向下突破缺口，成交量較前一交易日明顯萎縮。

　　當日股價跌破5日均線且收在5日均線下方，5日均線反轉下行，10日均線走平。MACD、KDJ等技術指標已經走弱，盤面的弱勢特徵非常明顯。投資者如果手中還有籌碼沒有出清，次日要逢高清倉，後市繼續看跌。

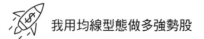
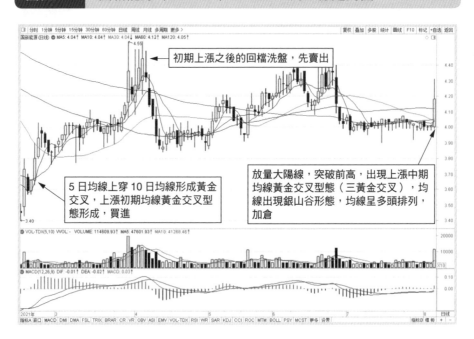

圖表3-3　國新能源（600617）2021/8/5的K線走勢圖

初期上漲之後的回檔洗盤，先賣出

5日均線上穿10日均線形成黃金交叉，上漲初期均線黃金交叉型態形成，買進

放量大陽線，突破前高，出現上漲中期均線黃金交叉型態（三黃金交叉），均線出現銀山谷形態，均線呈多頭排列，加倉

實戰運用2：電力、熱力、燃氣供應業

　　圖表3-3是國新能源（600617）2021年8月5日的K線走勢圖。從K線走勢可以看出，該股走勢處於上升趨勢中。股價從前期相對高位，即2020年8月10日的最高價5.74元，一路震盪下跌，至2021年2月8日的最低價3.40元止跌回穩，均線呈空頭排列型態。

　　股價下跌時間雖然不是很長，但跌幅較大（從2015年4月7日最高價39.30元下跌開始算起，下跌時間長、跌幅大，主力機構洗盤比較徹底，吸籌比較充分）。

　　2月8日股價止跌回穩後，主力機構開始向上快速推升股價，收集籌碼。2月18日該股以平盤開出，收出一根中陽線，股價突破5日均線且收在5日均線上方，成交量較前一交易日萎縮，5日均線翹頭向上移動。2月19日該股以平盤開出，收出一根大陽線，突破前高，成交量較前一交易日明顯放大，股價突破5日、10日均線且收在5日、10日均線上方。

　　5日均線向上穿過10日均線形成黃金交叉，5日、10日均線向上移動，上漲初期黃金交叉型態形成。股價的強勢特徵開始顯現，投資者可以在當日或次日進場逢低分批買進籌碼。此後，股價依託5日均線震盪上行。

　　4月7日該股開低，股價衝高至當日最高價4.49元回落，收出一根長上影線倒錘頭陰K線，成交量較前一交易日明顯萎縮。主力機構展開震盪洗盤吸籌行情，投資者可以在當日或次日逢高先賣出手中籌碼，待股價洗盤整理到位後再將籌碼買回來。

　　震盪洗盤整理的原因，一是股價已上漲至2020年12月28日下跌密集成交區，主力機構有整理的意圖；二是股價已有相當的漲幅，透過大幅震盪洗盤，進一步清洗獲利盤和套牢盤，同時增補部分倉位元。震盪洗盤吸籌期間，短、中、長期均線由走平逐漸纏繞交叉（黏合），成交量呈間斷式放（縮）量狀態。

　　8月5日該股開低，收出一根大陽線，突破前高，成交量較前一交易日放大4倍多，股價向上突破5日、10日、30日、60日和120日均線（一陽穿5線），均線蛟龍出海型態形成。

　　5日均線向上穿過10日、30日、60日均線，形成上漲中期黃金交叉型態（三黃金交叉型態），10日均線向上穿過30日均線，銀山谷型態成形。均線（除30日均線外）呈多頭排列，MACD、KDJ等技術指標開始走強，股價的強勢特徵明顯，後市持續快速上漲的機率大。投資者可以

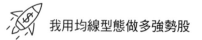

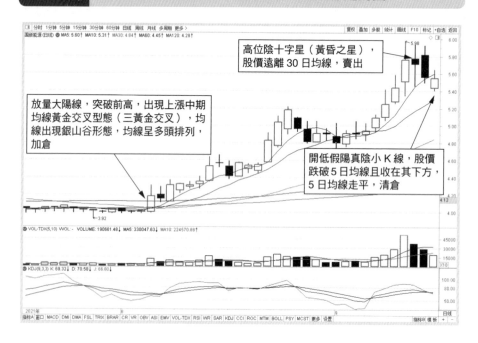

圖表3-4　國新能源（600617）2021/9/15的K線走勢圖

放量大陽線，突破前高，出現上漲中期均線黃金交叉型態（三黃金交叉），均線出現銀山谷形態，均線呈多頭排列，加倉

高位陰十字星（黃昏之星），股價遠離 30 日均線，賣出

開低假陽真陰小 K 線，股價跌破 5 日均線且收在其下方，5 日均線走平，清倉

在當日或次日進場逢低加倉買進籌碼。

　　圖表3-4是國新能源（600617）2021年9月15日的K線走勢圖。從K線走勢可看出，8月5日，該股開低收出一根放量大陽線，突破前高，股價向上突破5日、10日、30日、60日和120日均線，均線出現蛟龍出海型態。

　　5日均線向上穿過10日、30日、60日均線，形成上漲中期黃金交叉型態（三黃金交叉型態）。10日均線向上穿過30日均線，銀山谷型態成形，均線呈多頭排列，股價的強勢特徵相當明顯。此後，主力機構向上快速拉升股價。從拉升情況看，主力機構依託5日均線展開拉升行情，期

間展開過兩次強勢洗盤整理。

　　8月16日展開的洗盤整理，時間為5個交易日，整理幅度不大，股價回檔跌（刺）破5日均線很快拉回。8月26日展開的洗盤整理，時間為8個交易日，股價回檔跌（刺）破5日、10日均線很快拉回，10日均線發揮較強的支撐作用，整個拉升過程比較順暢，漲幅較大。

　　9月13日該股開高，股價衝高回落，收出一根長上下影線陰十字星（高位或相對高位十字星又稱為黃昏之星），成交量較前一交易日大幅萎縮。加上前一交易日收出的開高放量螺旋槳陽K線（當日股價盤中封漲停板時間達40多分鐘），顯露出主力機構採取開高、盤中震盪拉高的操盤手法，引誘跟風盤進場而大量出貨的跡象。

　　此時，股價遠離30日均線且漲幅大，KDJ等部分技術指標開始走弱，盤面的弱勢特徵已經顯現。由於均線的滯後性，投資者如果手中還有籌碼沒有出清，可以不等5日均線走平或反轉下行，在次日逢高先賣出手中籌碼。

　　9月15日該股開低，股價衝高回落，收出一根假陽真陰小K線，成交量較前一交易日明顯萎縮，股價跌破5日均線且收在5日均線下方，5日均線走平。MACD、KDJ等技術指標走弱，盤面的弱勢特徵明顯。投資者若手中還有籌碼沒有出清，次日要逢高清倉，後市繼續看跌。

操作提點

　　實戰操作中，**上漲中期黃金交叉型態形成後，由於此時主力機構籌碼集中度較高、控盤比較到位，股價即將展開向上拉升行情**。雖然股價前期已經有了一定的漲幅，但後市上漲空間仍然很大，**投資者可大膽進場加倉買進籌碼**，耐心持股，待股價出現明顯見頂訊號時賣出。

3-2 【蛟龍出海型態】代表洗盤整理結束，出現什麼是上攻衝鋒號？

上漲中期均線蛟龍出海型態，是在股價初期上漲行情之後，再次形成的均線蛟龍出海型態。

型態分析

上漲中期均線蛟龍出海型態，是指個股經過初期上漲行情之後，由於有了一定漲幅，或股價遠離30日均線，或受到上方週期較長均線的壓制等，主力機構展開整理洗盤行情，整理洗盤到位後，主力機構開啟新一波上漲行情。

市場表現為：洗盤整理行情末期，突然收出一根放量大陽線（最好是漲停板），向上突破（穿過）至少3條均線（如5日、10日、30日均線），且股價收在3條以上均線的上方，這也預示新的一波上漲行情正式開啟。

上漲中期均線蛟龍出海型態，是目標股票經過較長時間的橫盤震盪整理，或回檔洗盤到位之後，出現的一種確認走勢。表示洗盤整理行情結束，股價將重拾升勢，接續原來的上升趨勢。

圖表3-5　新華製藥（000756）2022/4/20的K線走勢圖

放量大陽線漲停板，突破前高，出現上漲中期均線蛟龍出海型態，均線呈多頭排列，加倉

放量大陽線漲停板，突破前高，均線呈多頭排列，加倉

🖑 實戰運用 1：製造業

圖表3-5是新華製藥（000756）2022年4月20日的K線走勢圖。從K線走勢可以看出，該股走勢處於上升趨勢中。股價從前期相對高位2020年3月27日的最高價13.30元，一路震盪下跌，至2021年11月8日的最低價7.32元止跌回穩，下跌時間長且跌幅大。

尤其是下跌後期，主力機構借助當時大盤大跌之勢，加速殺跌洗盤，收集了不少籌碼建倉，均線呈空頭排列型態。股價下跌期間有過多次反彈，且反彈幅度大。

2020年11月8日股價止跌回穩後，主力機構開始推升股價，收集籌碼，K線走勢呈現紅多綠少、紅肥綠瘦態勢，成交量慢慢放大，底部逐漸抬高。

11月10日該股開高，收出一根中陽線，突破前高，股價突破5日、10日均線且收在5日、10日均線上方，成交量較前一交易日明顯放大，5日均線與10日均線交叉黏合。

11月11日該股開低，收出一根假陽真陰十字星，成交量較前一交易日明顯萎縮，股價突破5日、10日均線且收在5日、10日均線上方。5日均線向上穿過10日均線形成黃金交叉，5日、10日均線向上移動，均線上漲初期黃金交叉型態成形。

MACD、KDJ等技術指標開始走強，股價的強勢特徵開始顯現，後市上漲的機率大。看到這種情況，投資者可以在當日或次日進場逢低分批買進籌碼。

11月16日，該股以平盤開出，收出一根中陽線，突破前高，成交量較前一交易日放大3倍多，股價突破30日均線且收在30日均線上方，5日均線向上穿過30日均線形成黃金交叉。11月22日該股開低，收出一根陰十字星，成交量較前一交易日放大，10日均線向上穿過30日均線形成黃金交叉，均線銀山谷型態形成。

12月1日該股以平盤開出，收出一個大陽線漲停板，突破前高，成交量較前一交易日放大7倍多，形成巨量大陽線漲停K線型態，當日股價突破120日均線且收在所有均線的上方。

均線（除120日均線外）呈多頭排列，MACD、KDJ等技術指標走強，股價的強勢特徵非常明顯，後市快速上漲的機率大。投資者可以在當日或次日進場加倉買進籌碼。此後，主力機構展開了一波上漲行情（初期上漲），期間收出了6個大陽線漲停板。

12月31日，該股大幅開高（向上跳空2.14%開盤），股價回落，收出一根大陰線，成交量較前一交易日明顯放大，主力機構展開回檔洗盤行情。投資者可以在當日或次日逢高先賣出手中籌碼，待洗盤整理到位後再將籌碼買回來。

分析回檔洗盤的原因，一是股價已經上漲至2020年3月27日和7月24日的下跌密集成交區，主力機構有整理的意圖；二是受當時大盤持續下跌的影響，且股價已有相當的漲幅，個股有整理需求。回檔洗盤期間，均線由多頭排列逐漸走平，短中長期均線由走平逐漸纏繞交叉（黏合），成交量呈現萎縮狀態。

2022年4月20日（回檔洗盤3個多月後），該股開低，收出一個大陽線漲停板，突破前高，成交量較前一交易日放大兩倍多，形成大陽線漲停K線型態。當日股價向上突破10日、30日、60日和120日均線（一陽穿4線），5日均線在股價下方向上移動，上漲中期均線蛟龍出海型態成形。

均線（除30日、60日均線外）呈多頭排列，MACD、KDJ等技術指標開始走強，股價的強勢特徵已經開始顯現，後市快速上漲的機率大。投資者可以在當日搶漲停板，或在次日進場加倉買進籌碼。

下頁圖表3-6是新華製藥（000756）2022年5月31日的K線走勢圖。從K線走勢可以看出，4月20日該股開低收出一個放量大陽線漲停板，突破前高，股價向上突破10日、30日、60日和120日均線（一陽穿4線）。

5日均線在股價下方向上移動，上漲中期均線蛟龍出海型態成形。均線（除30日、60日均線外）呈多頭排列，股價的強勢特徵相當明顯。之後，主力機構依託5日均線繼續向上拉升股價。

4月22日該股以平盤開出，股價衝高回落，收出一根跌停大陰線，成交量較前一交易日明顯放大，主力機構再次展開回檔洗盤行情，投資者

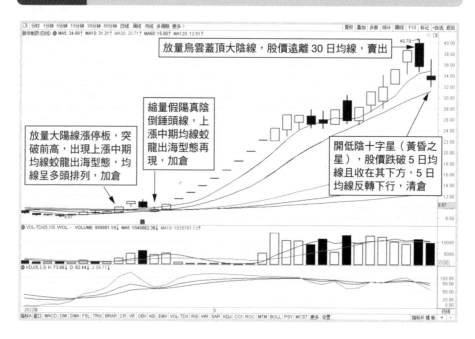

圖表3-6　新華製藥（000756）2022/5/31的K線走勢圖

可以先觀察1至2個交易日的股價走勢，再做買賣決策。

4月25日，該股大幅開低（向下跳空7.92%開盤），收出一根假陽真陰倒錘頭K線（當日股價開低走高），成交量較前一交易日萎縮。股價向上突破10日、30日、60日和120日均線（一陽穿4線），5日均線在股價上方向上移動，上漲中期均線蛟龍出海型態再次形成。

此時，均線（除30日、60日均線外）呈多頭排列，股價的強勢特徵依然十分明顯，後市快速上漲的機率大，投資者可以在當日或次日進場加倉買進籌碼。之後，主力機構快速向上拉升股價。

從拉升情況來看，主力機構依託5日均線，採取直線拉升、盤中洗

盤、迅速拔高的操盤手法，急速向上拉升。至2022年5月13日，11個交易日的時間，拉出了11個漲停板，其中8個一字漲停板，3個大陽線漲停板，漲幅巨大。

5月16日，該股大幅開低（向下跳空5.16%開盤），收出一根假陽真陰錘頭線（當日股價開低走高），成交量較前一交易日萎縮，主力機構展開強勢洗盤整理行情，整理時間不長，回檔幅度不大，股價回檔跌（刺）破5日均線很快拉回。

5月23日該股開高，收出一個大陽線漲停板，成交量較前一交易日萎縮，當日股價向下跌（刺）破10日均線很快拉回，收盤收在所有均線上方，強勢洗盤整理行情結束。均線呈多頭排列，MACD、KDJ等技術指標開始走強，股價的強勢特徵十分明顯，後市快速上漲的機率大。

這時候，投資者可以在當日搶漲停板或在次日進場加倉買進籌碼。之後，主力機構展開第2波次向上快速拉升行情，從K線走勢看，整個拉升過程比較乾淨順暢且漲幅大。

5月30日，該股大幅跳空開高（向上跳空3.55%開盤），股價衝高回落，收出一根烏雲蓋頂大陰線（烏雲蓋頂陰線，是常見的看跌反轉訊號），成交量較前一交易日明顯放大。

此時，顯露出主力機構利用大幅開高、盤中拉高的操盤手法，引誘跟風盤進場而大量出貨的跡象（從當日分時走勢看，股價盤中幾度跌停，也顯示出主力機構毫無顧忌出貨的堅決態度）。

由於股價遠離30日均線且漲幅大，MACD、KDJ等技術指標開始走弱，盤面的弱勢特徵已經顯現。投資者如果手中還有籌碼沒有出清，次日應該逢高賣出。

5月31日，該股大幅跳空開低（向下跳空4.44%開盤），股價衝高回落，收出一根陰十字星（高位或相對高位十字星又稱為黃昏之星），留

下向下突破缺口，成交量較前一交易日萎縮。股價跌破5日均線且收在5日均線下方，5日均線反轉下行。

當股價遠離30日均線且漲幅大，MACD、KDJ等技術指標走弱，盤面的弱勢特徵已經相當明顯。所以，投資者如果手中還有籌碼沒有出清，次日應該逢高清倉，後市繼續看跌。

實戰運用 2：房地產業

圖表3-7是信達地產（600657）2022年3月18日的K線走勢圖。從K線走勢可以看出，該股走勢處於上升趨勢中。股價從前期相對高位，即2020年7月7日的最高價5.93元，一路震盪下跌，至2021年11月2日的最低價3.10元止跌回穩，均線呈現空頭排列型態。

股價下跌時間較長、跌幅大，尤其是下跌後期，主力機構借助當時大盤大跌之勢，加速殺跌洗盤，收集了不少籌碼建倉；下跌期間有過多次反彈，且反彈幅度大。

2021年11月2日股價止跌回穩後，主力機構快速向上推升股價，收集籌碼，然後展開震盪盤升行情，洗盤吸籌並舉。K線走勢呈紅多綠少、紅肥綠瘦態勢，底部逐漸抬高。

11月10日，該股以平盤開出，收出一根中陽線，突破前高，成交量較前一交易日明顯放大。股價突破5日、10日均線且收在5日、10日均線上方，5日均線向上穿過10日均線形成黃金交叉，5日、10日均線向上移動，均線上漲初期黃金交叉型態成形。

MACD、KDJ等技術指標開始走強，股價的強勢特徵比較明顯，後市上漲的機率大。出現這樣的訊號，投資者可以在當日或次日進場逢低分批買進籌碼。

圖表3-7 信達地產（600657）2022/3/18 的 K 線走勢圖

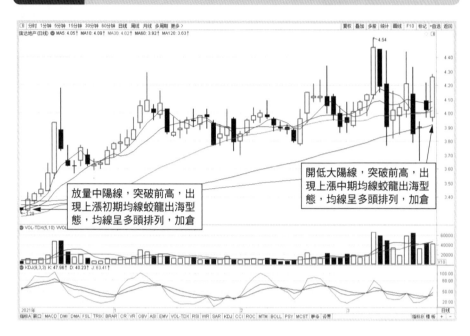

放量中陽線，突破前高，出現上漲初期均線蛟龍出海型態，均線呈多頭排列，加倉

開低大陽線，突破前高，出現上漲中期均線蛟龍出海型態，均線呈多頭排列，加倉

　　12月15日，該股以平盤開出，收出一根中陽線，突破前高，成交量較前一交易日放大近兩倍。股價向上突破5日、10日、60日、120日4條均線（一陽穿4線），且收盤收在120日均線上方，30日均線在股價下方向上移動，上漲初期均線蛟龍出海型態成形。

　　短期均線呈多頭排列，MACD、KDJ等技術指標走強，股價的強勢特徵相當明顯，後市持續快速上漲的機率大。這時候，投資者可以在當日或次日進場逢低加倉買進籌碼。此後，主力機構依託5日均線展開震盪盤升行情。

　　震盪盤升期間，短期均線由多頭排列逐漸走平，然後交叉纏繞黏

合，中長期均線繼續上行，股價偶爾跌（刺）破30日均線很快拉回，成交量呈間斷性放大狀態。

3月18日，該股開低，收出一根大陽線，突破前高，成交量與前一交易日基本持平。股價向上突破5日、10日、30日均線（一陽穿3線），且收盤收在3條均線的上方，60日、120日均線在股價下方向上移動，均線上漲中期蛟龍出海型態成形。

均線呈多頭排列，MACD、KDJ等技術指標開始走強，股價的強勢特徵明顯，後市快速上漲的機率大。投資者可以在當日或次日進場加倉買進籌碼，持股待漲，待股價出現明顯見頂訊號時再賣出。

圖表3-8是信達地產（600657）2022年4月7日的K線走勢圖。從K線走勢可以看出，3月18日，該股開低收出一根大陽線，突破前高，股價向上突破5日、10日、30日均線（一陽穿3線），且收盤收在3條均線的上方。

60日、120日均線在股價下方向上移動，均線上漲中期蛟龍出海型態形成，均線呈多頭排列，股價的強勢特徵相當明顯。之後，主力機構依託5日均線快速向上拉升股價。

從拉升情況看，3月21日，該股開低，收出一根小陽線，突破前高，成交量較前一交易日放大，主力機構強勢整理了一個交易日，正是投資者進場加倉買進籌碼的好時機。

從3月22日起，主力機構依託5日均線，採取直線拉升、盤中洗盤、迅速拔高的操盤手法，急速向上拉升股價，至4月1日，9個交易日的時間，拉出了9根陽線（2根為假陰真陽K線），其中有6個漲停板（3個小陽線漲停板和3個大陽線漲停板），漲幅相當可觀。

4月6日，該股大幅跳空開高（向上跳空6.76%開盤），股價衝高回落，收出一根烏雲蓋頂大陰線（烏雲蓋頂陰線，是常見的看跌反轉訊

圖表3-8　信達地產（600657）2022/4/7的K線走勢圖

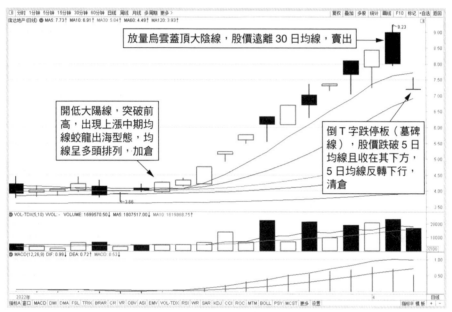

放量烏雲蓋頂大陰線，股價遠離 30 日均線，賣出

開低大陽線，突破前高，出現上漲中期均線蛟龍出海型態，均線呈多頭排列，加倉

倒 T 字跌停板（墓碑線），股價跌破 5 日均線且收在其下方，5 日均線反轉下行，清倉

號），成交量較前一交易日明顯放大，顯露出主力機構利用大幅開高、盤中拉高，引誘跟風盤進場而大量出貨的跡象。

　　從當日分時走勢看，下午開盤後，股價開始震盪回落，尾盤有加速下跌趨勢，也顯露出主力機構毫無顧忌出貨的堅決態度。由於股價遠離30日均線且漲幅大，KDJ等部分技術指標開始走弱，盤面的弱勢特徵已經顯現。投資者如果手中還有籌碼沒有出清，次日應該逢高賣出。

　　4月7日，主力機構跌停開盤，收出一個倒T字跌停板（股價盤中有所反彈），成交量較前一交易日萎縮，留下向下突破缺口，股價跌破5日均線且收在5日均線下方，5日均線反轉下行。

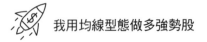

股價遠離30日均線且漲幅大，MACD、KDJ等技術指標走弱，盤面的弱勢特徵已經相當明顯。投資者如果手中還有籌碼沒有出清，次日應該逢高清倉，後市繼續看跌。

操作提點

實戰操作中，上漲中期均線蛟龍出海型態形成後，表示中期洗盤整理行情結束。此時，如果有放大的成交量配合，則是多方吹響了向上攻擊的衝鋒號，投資者應該積極進場加倉買進籌碼，後期漲幅可能會出乎一般人的意料。

3-3 【再次黏合向上發散型態】位置高於首次發散，上漲機率更高

　　均線再次黏合向上發散型態，是形成於中長期上升趨勢初期（或股價初期上漲行情之後）的均線黏合向上發散型態。

　　均線再次黏合向上發散型態，是指目標股票出現第一次均線黏合向上發散型態之後，股價有了一定的漲幅，或是股價遠離30日均線、股價上漲受到上方週期較長均線的壓制等。個股展開震盪整理洗盤行情，之後洗盤整理到位，均線跟隨股價上行所形成。

🖐️ 型態分析

　　市場表現為：洗盤整理結束，均線反轉向上跟隨股價移動，再次出現5日、10日和30日均線黏合型態，隨後股價向上突破，形成均線再次黏合向上多頭發散型態。

　　均線再次黏合向上發散型態，與均線首次黏合向上發散型態，兩者技術特徵和型態結構完全相同。唯一的區別是：型態所處的位置有所不同。均線再次黏合向上發散型態的位置，要高於均線首次黏合向上發散型態。

　　均線再次黏合向上發散型態形成後，由於主力機構在震盪整理、整

理洗盤期間收集了足夠的籌碼，其上漲的可信度要高於首次黏合向上發散型態。

雖然此時有了一定漲幅，但後市空間仍然廣闊，且即將展開拉升行情，投資者可以積極進場買進籌碼做多。

實戰運用 1：採礦業

圖表3-9是西部黃金（601069）2022年2月14日的K線走勢圖。從K線走勢可以看出，該股走勢處於高位下跌之後的反彈趨勢中。

股價從前期相對高位，即2020年8月6日的最高價18.35元，一路震盪下跌，至2021年8月9日的最低價11.07元止跌回穩，均線呈空頭排列型態。

股價下跌時間較長，跌幅較大，尤其是下跌後期，主力機構借助當時大盤大跌之勢，加速殺跌洗盤，收集了不少籌碼建倉。股價止跌後，主力機構開始推升股價，收集籌碼，K線走勢呈紅多綠少、紅肥綠瘦態勢，底部逐漸抬高。

9月16日該股開低，股價衝高至當日最高價12.85元回落，收出一根長上影線倒錘頭陰K線，成交量較前一交易日明顯放大，展開回檔洗盤吸籌行情。投資者可以在當日或次日先賣出手中籌碼，待股價回檔洗盤到位後再將籌碼買回來。

11月2日該股開低，收出一根大陽線，突破前高，成交量較前一交易日放大5倍多，股價向上突破5日、10日、30日和60日均線（一陽穿4線），且收盤收在4條均線上方，上漲初期均線蛟龍出海型態成形。MACD、KDJ等技術指標開始走強，股價的強勢特徵比較明顯，後市上漲的機率大，投資者可以在當日或次日進場買進籌碼。

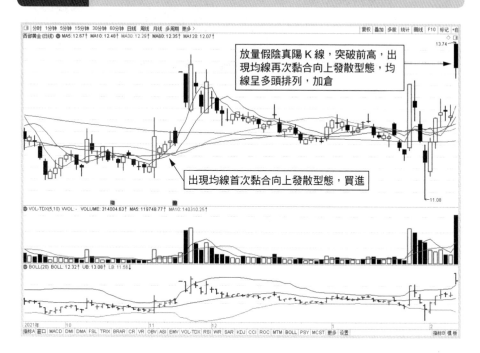

| 圖表3-9 | 西部黃金（601069）2022/2/14的K線走勢圖 |

11月4日該股開低，收出一根小陽線，突破前高，成交量與前一交易日基本持平，當日5日、10日、30日、60日均線交叉黏合，5日、10日、60日均線向上發散，均線首次黏合向上發散型態成形。

加上11月2日出現的均線蛟龍出海型態，股價的強勢特徵已經非常明顯，投資者可以在當日或次日進場加倉買進籌碼。此後，股價依託5日均線快速上行。

11月26日該股開低，收出一根陰十字星，成交量較前一交易日大幅萎縮，主力機構再次展開回檔洗盤吸籌行情，投資者可以在當日或次日先賣出手中籌碼，待股價回檔洗盤到位後再將籌碼買回來。在回檔洗盤

期間，均線由多頭排列逐漸走平、再到纏繞交叉黏合，成交量呈現萎縮狀態。

2022年2月8日，該股以平盤開出，收出一根中陽線，突破前高，成交量較前一交易日萎縮，股價向上突破5日、10日、30日、60日、120日均線（一陽穿5線），且收盤收在所有均線的上方，上漲中期均線蛟龍出海型態成形。

此時均線（除5日均線外）呈多頭排列，MACD、KDJ等技術指標開始走強，股價的強勢特徵比較明顯，後市快速上漲的機率大，投資者可以在當日或次日進場加倉買進籌碼。

2月14日該股大幅跳空開高（向上跳空9.77%開盤），收出一根假陰真陽K線（股價盤中一度漲停，收盤漲幅6.49%），突破前高，留下向上突破缺口，成交量較前一交易日放大5倍多。

股價向上突破均線黏合向上發散型態（從2月10日開始，5日、10日、30日和60日均線開始交叉黏合），均線再次黏合向上發散型態確認成形。均線呈多頭排列，股價的強勢特徵已經非常明顯，投資者可以在當日或次日進場加倉買進籌碼。

圖表3-10是西部黃金（601069）2022年3月3日的K線走勢圖。從K線走勢可以看出，2月14日，該股大幅跳空開高收出一根放量假陰真陽K線，突破前高。

股價向上突破均線黏合向上發散型態，均線再次黏合向上發散型態確認成形，均線呈多頭排列，股價的強勢特徵相當明顯。之後，主力機構快速向上拉升股價。

從拉升情況看，主力機構依託5日均線，基本採取直線拉升、盤中洗盤、迅速拔高的操盤手法，急速向上拉升股價。至2月28日，10個交易日的時間，拉出了6根陽線，其中有3個漲停板，漲幅相當不錯。

圖表3-10　西部黃金（601069）2022/3/3的K線走勢圖

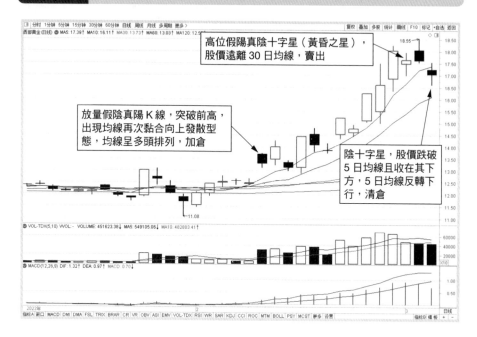

3月1日，該股大幅開低（向下跳空3.05%開盤），股價衝高回落，收出一根假陽真陰十字星（高位或相對高位十字星又稱為黃昏之星；高位假陽真陰，千萬小心）。

成交量較前一交易日大幅萎縮，顯露出股價上漲乏力，主力機構採取開低、盤中拉高的操盤手法，引誘跟風盤進場而大量出貨的跡象。

股價遠離30日均線且漲幅大，KDJ等部分技術指標開始走弱，盤面的弱勢特徵已經顯現。由於均線的滯後性，投資者如果手中還有籌碼沒有出清，可以不等5日均線走平或反轉下行，在次日逢高先賣出手中籌碼。

3月3日，該股大幅跳空開低（向下跳空2.04%開盤），收出一根陰十字星，成交量較前一交易日萎縮，股價跌破5日均線且收在5日均線下方，5日均線反轉下行。

MACD、KDJ等技術指標已經走弱，盤面的弱勢特徵非常明顯。投資者如果手中還有籌碼沒有出清，次日要逢高清倉，後市繼續看跌。

實戰運用2：資訊傳輸、軟體業

圖表3-11是浙文互聯（600986）2021年12月10日的K線走勢圖。從K線走勢可以看出，該股走勢處於上升趨勢中。

股價從前期相對高位，即2021年5月11日的最高價4.82元，展開回檔洗盤，至2021年7月28日的最低價3.78元止跌回穩，均線呈空頭排列型態。股價下跌時間雖然不是很長，但跌幅較大。

從2020年7月13日最高價6.26元下跌開始算起，下跌時間長，跌幅大，主力機構洗盤比較徹底、吸籌比較充分。

尤其下跌後期的幾個交易日，主力機構借助當時大盤大跌之勢，加速洗盤殺跌，收集了不少籌碼建倉。股價止跌站穩後，主力機構快速推升股價，收集籌碼，隨後展開大幅震盪盤升行情，低買高賣賺取價差，獲利與洗盤吸籌並舉。

8月25日該股開高，收出一根小陽線，突破前高，成交量較前一交易日明顯放大。股價向上突破5日、10日、30日均線，短中期均線形成交叉黏合型態（也可當做上漲初期均線蛟龍出海型態對待）。

8月26日該股開低，收出一根中陽線，突破前高，成交量較前一交易日放大近兩倍，股價向上突破均線黏合向上發散型態，5日、10日和30日均線向上發散，均線首次黏合向上發散型態成形。

圖表3-11　浙文互聯（600986）2021/12/10的K線走勢圖

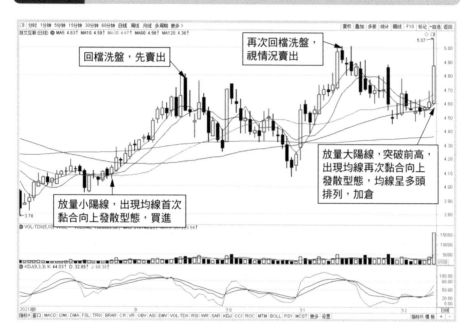

　　短期均線呈多頭排列，MACD、KDJ等技術指標開始走強，股價的強勢特徵比較明顯，後市上漲的機率大，投資者可以在當日或次日進場買進籌碼。隨後，主力機構繼續向上推升股價。

　　9月16日該股開高，股價回落，收出一根中陰線，成交量較前一交易日放大，主力機構展開回檔洗盤吸籌行情，投資者可以在當日或次日先逢高賣出手中籌碼，待股價回檔洗盤到位後再將籌碼買回來。回檔洗盤期間，短中期均線由多頭排列逐漸走平，再到纏繞交叉黏合，長期均線在股價下方向上移動，成交量呈萎縮狀態。

　　11月1日，該股跳空開高，收出一根大陽線（收盤漲幅7.57%），突

破前高，成交量較前一交易日放大近3倍。股價向上突破5日、10日、30日、60日和120日均線（一陽穿5線），且收盤收在所有均線上方，上漲中期均線蛟龍出海型態成形。

均線（除30日均線外）呈多頭排列，MACD、KDJ等技術指標開始走強，股價的強勢特徵比較明顯，後市快速上漲的機率大。這種情況下，投資者可以在當日或次日進場買進籌碼。

11月12日該股開高，股價回落，收出一根小陰線，成交量較前一交易日大幅萎縮，主力機構再次展開回檔洗盤吸籌行情，此時投資者可以視情況買賣籌碼。

回檔洗盤期間，5日、10日均線由多頭排列逐漸走平，30日、60日和120日均線在股價下方向上移動，短中長期均線逐漸靠攏再到纏繞交叉黏合，成交量呈現萎縮狀態。

12月10日該股開低，股價衝高回落，收出一根大陽線（盤中一度漲停，收盤漲幅5.64%），突破前高，成交量較前一交易日放大近5倍。股價向上突破均線黏合向上發散型態（從12月8日開始，5日、10日和60日均線開始交叉黏合），均線再次黏合向上發散型態確認形成。

均線呈多頭排列之勢，股價的強勢特徵已經非常明顯，投資者可以在當日或次日進場加倉買進籌碼。

圖表3-12是浙文互聯（600986）2022年1月6日的K線走勢圖。從K線走勢可以看出，12月10日，該股開低收出一根放量大陽線，突破前高，股價向上突破均線黏合向上發散型態，均線再次黏合向上發散型態確認成形。均線呈多頭排列，股價的強勢特徵相當明顯，之後，主力機構快速向上拉升股價。

從拉升情況看，12月13日、14日、15日，主力機構連續收出3個漲停板。12月16日，該股開高，股價衝高回落，收出一根倒錘頭陰K線，成

圖表3-12	浙文互聯（600986）2022/1/6的Ｋ線走勢圖

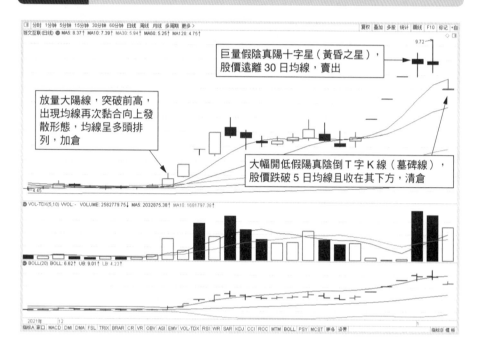

交量較前一交易日大幅放大。

　　主力機構展開洗盤整理行情，投資者可以在當日或次日先賣出手中籌碼，待股價洗盤整理到位後再將籌碼買回來，當然，也可以持股先觀察，視情況再做決策。

　　洗盤整理期間，5日、10日均線由多頭排列逐漸向下靠攏再到纏繞交叉黏合，30日、60日和120日均線在股價下方向上移動，成交量呈逐步萎縮狀態。

　　12月28日，該股大幅開高（向上跳空3.33%開盤），股價衝高回落，收出一根開高小陽線（收盤漲幅5.50%），突破前高。成交量較前一交易

日放大，股價突破5日、10日均線且收在兩條均線上方，洗盤整理行情結束。

均線呈多頭排列，MACD、KDJ等技術指標開始走強，股價的強勢特徵比較明顯，後市快速上漲的機率大。這時候，投資者可以在當日或次日進場加倉買進籌碼。

此後，主力機構展開第2波向上快速拉升行情，一口氣連續拉出3個一字漲停板。從K線走勢來看，整個拉升過程還是比較乾淨順暢，且漲幅大。

2022年1月4日，該股大幅開高（向上跳空7.35%開盤，股價盤中一度漲停），股價衝高回落，收出一根假陰真陽螺旋槳K線（高位或相對高位的螺旋槳K線，又稱為變盤線或轉勢線），成交量較前一交易日放大27倍多（有前一交易日一字漲停板縮量的原因）。

從當日分時走勢看，早盤該股大幅開高後，股價急速回落然後震盪盤升封漲停板，漲停板反覆打開封回。下午開盤後，股價震盪回落至收盤，收盤漲幅5.34%，顯露出股價上漲乏力。主力機構採取大幅開高、盤中拉高、漲停、漲停板打開等操盤手法，引誘跟風盤進場而大量出貨的跡象。

股價遠離30日均線且漲幅較大，KDJ等部分技術指標開始走弱，盤面的弱勢特徵已經顯現。由於均線的滯後性，投資者如果手中還有籌碼沒有出清，可以不等5日均線走平或反轉下行，在次日逢高先賣出手中籌碼。

1月6日，主力機構大幅開低（向下跳空9.72%開盤），收出一根假陽真陰倒T字K線（盤中股價有所反彈，跌停時間長）。成交量較前一交易日大幅萎縮，留下向下跳空突破缺口，股價跌破5日均線且收在5日均線下方。

股價遠離30日均線且漲幅大，MACD、KDJ等技術指標已經走弱，盤面的弱勢特徵已經相當明顯。投資者如果手中還有籌碼沒有出清，次日應該逢高清倉，後市繼續看跌。

操作提點

實戰操作中，均線再次黏合向上發散型態的形成，表明主力機構做多態度堅決，股價將重拾升勢，接續原來的上升趨勢，如果有成交量放大的配合，後市將有一波漲幅不錯的上漲行情。**在進場的時機上，最佳的買進點應該是均線剛剛形成向上發散型態的初期，投資者可以積極進場加倉買進籌碼。**

3-4 【再次交叉向上發散型態】瞄準什麼時間點，逢低買進待漲？

均線再次交叉向上發散型態，是形成於長期上升趨勢的中期整理行情末期（或長期上升趨勢初期）的均線交叉向上發散型態。

均線再次交叉向上發散型態，又稱均線再次複合黃金交叉型態。指個股出現第一次均線交叉向上發散型態之後，股價有了一定的漲幅、或股價遠離30日均線，或受到上方週期較長均線的壓制等，該股展開震盪整理洗盤或回檔洗盤行情。洗盤整理到位後，均線出現再次交叉向上發散型態。

型態分析

均線再次交叉向上發散的市場表現為：5日、10日、30日均線由向下空頭發散逐漸收斂向上，然後在同一時間、同一點位形成黃金交叉，隨後股價向上突破，形成均線再次交叉向上多頭發散型態。

均線再次交叉向上發散型態，出現在長期上升趨勢或長期上升趨勢的中期整理行情末期，比均線首次交叉向上發散的位置要高。5日、10日和30日均線，再次交叉逐漸向上多頭發散後，演變成均線多頭排列型態，隨後開啟一波上升行情。其上漲的速度和幅度，要大於均線首次交

叉向上發散型態。

　　均線再次交叉向上發散型態形成後，如果有放大的成交量配合，突破後短期的上漲力道和幅度會更大。投資者可以在股價向上突破均線交叉型態或均線向上發散初期，找機會進場逢低加倉買進籌碼，待股價出現明顯見頂訊號時賣出。

🖕 實戰運用1：製造業

　　下頁圖表3-13是航錦科技（000818）2019年11月14日的K線走勢圖。從K線走勢可以看出，該股走勢處於上升趨勢中。股價從前期相對高位2019年4月8日的最高價14.44元，一路震盪下跌，至2019年8月12日的最低價7.50元止跌回穩，均線呈空頭排列型態。

　　股價下跌時間雖然不是很長，但跌幅大，從2018年5月8日的最高價15.07元下跌開始算起，下跌時間長、跌幅大。若主力機構洗盤比較徹底、吸籌比較充分。下跌後期的幾個交易日，主力機構借助當時大盤大跌之勢，加速洗盤殺跌，收集不少籌碼建倉。

　　2019年8月12日股價止跌回穩後，主力機構快速推升股價，收集籌碼，股價快速上漲。

　　9月2日該股開高，收出一根大陽線（漲幅6.71%），突破前高，成交量較前一交易日放大4倍多。當日股價向上突破5日、10日、30日均線（一陽穿3線，也可視為上漲初期均線蛟龍出海型態），均線首次交叉向上發散型態形成（5日、10日和30日均線從8月28日開始逐步形成黃金交叉型態）。

　　短期均線呈多頭排列，MACD、KDJ等技術指標開始走強，股價的強勢特徵比較明顯，後市上漲的機率大，投資者可以在當日或次日進場

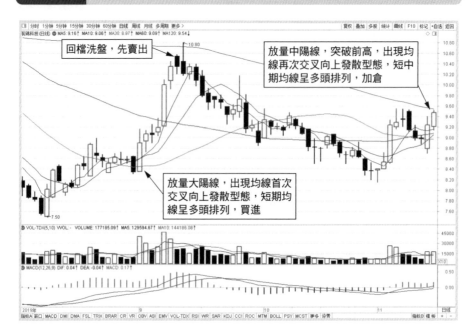

圖表3-13 航錦科技（000818）2019/11/14的K線走勢圖

買進籌碼。此後，主力機構繼續向上推升股價。

9月10日該股開高，股價回落，收出一根小陰線，成交量較前一交易日大幅萎縮，主力機構展開回檔洗盤吸籌行情。投資者可以在當日或次日先賣出手中籌碼，待股價回檔洗盤到位後再將籌碼買回來。

回檔洗盤期間，短中期均線由多頭排列逐漸走平，再到纏繞交叉型態，長期均線由股價上方下行，成交量呈萎縮狀態。

11月13日該股開低，收出一根中陽線，突破前高，成交量較前一交易日放大兩倍多，股價向上突破5日、10日、30日和60日均線（一陽穿4線，也可視為上漲中期均線蛟龍出海型態），形成均線再次交叉向上發

散型態。

11月14日該股開低，收出一根中陽線，突破前高，成交量較前一交易日放大，股價向上突破均線再次交叉向上發散型態，再次交叉向上發散型態形成。

短中期均線呈多頭排列，MACD、KDJ等技術指標走強，股價的強勢特徵比較明顯，後市股價持續快速上漲的機率大。投資者可以在當日或次日進場逢低加倉買進籌碼，持股待漲，待股價出現明顯見頂訊號時再賣出。

下頁圖表3-14是航錦科技（000818）2020年2月24日的K線走勢圖。從K線走勢圖可以看出，2019年11月14日，該股開低收出一根放量中陽線，突破前高，股價向上突破均線再次交叉向上發散型態，均線再次交叉向上發散型態成形。短中期均線呈多頭排列，股價的強勢特徵相當明顯，之後，主力機構快速向上拉升股價。

從拉升情況看，主力機構採取波段式拉升的操盤手法。拉升過程中，由於股價離30日均線較遠，主力機構展開過兩次洗盤整理。投資者可以在整理當日或次日先賣出手中籌碼，待股價洗盤整理到位後再將籌碼買回來。也可以持股先觀察，視情況再做決定。

洗盤整理時間較長，股價跌（刺）破10日均線很快拉回（2020年1月23日展開的洗盤整理幅度較大）。洗盤整理過程中，投資者要注意盯盤，每次回檔洗盤到位，都是進場加倉買進籌碼的機會（比如2020年1月13日、2月14日的回檔確認，是進場加倉買進籌碼的好時機）。

2020年2月20日，該股大幅開高（向上跳空3.46%開盤），股價衝高回落，收出一根假陰真陽十字星（高位或相對高位十字星又稱為黃昏之星），成交量較前一交易日萎縮。

加上前一交易日收出的倒錘頭陽K線，顯露出股價上漲乏力，主力

圖表3-14 航錦科技（000818）2020/2/24的K線走勢圖

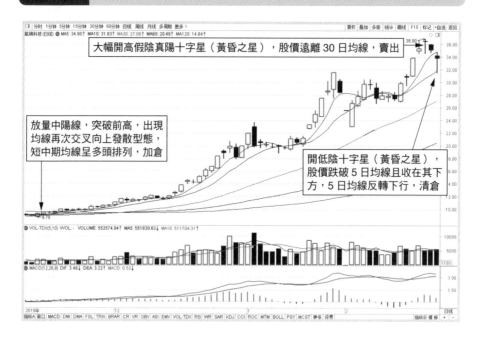

機構採取大幅開高、盤中拉高的操盤手法，引誘跟風盤進場而大量出貨的跡象。

股價遠離30日均線且漲幅大，KDJ等部分技術指標有走弱的跡象，盤面的弱勢特徵開始顯現。由於均線的滯後性，投資者如果手中還有籌碼沒有出清，可以不用等5日均線走平或反轉下行，應該在次日逢高先賣出手中籌碼。

2月24日，該股跳空開低，收出一根陰十字星，成交量與前一交易日基本持平，股價跌破5日均線且收在5日均線下方，5日均線反轉下行。股價遠離30日均線且漲幅大，MACD、KDJ等技術指標已經走弱，盤面的

弱勢特徵相當明顯。投資者如果手中還有籌碼沒有出清，次日應該逢高清倉，後市繼續看跌。

💲🖐 實戰運用 2：製造業

下頁圖表3-15是川恒股份（002895）2021年8月11日的K線走勢圖。從K線走勢可以看出，該股走勢處於上升趨勢中。

股價從前期相對高位，2020年8月18日的最高價15.36元，一路震盪下跌，至2021年4月29日的最低價9.60元止跌回穩，均線呈現空頭排列型態。

股價下跌時間雖然不長、但跌幅較大，期間主力機構展開過兩次較大幅度的反彈。當日股價止跌回穩後，主力機構展開強勢整理行情，繼續洗盤吸籌，K線走勢呈紅多綠少、紅肥綠瘦態勢。

5月24日該股開低，收出一根大陽線（收盤漲幅4.07%），突破前高，成交量較前一交易日放大3倍多，股價向上突破5日、10日和30日均線（一陽穿3線），上漲初期均線蛟龍出海型態成形。

5月25日該股開低，股價衝高回落，收出一根長上影線小陰線，成交量較前一交易日大幅萎縮，當日5日、10日和30日均線開始形成複合黃金交叉型態。

5月26日該股開高，收出一根中陽線，成交量較前一交易日明顯放大，股價向上突破5日、10日和30日均線，形成複合黃金交叉型態，均線首次交叉向上發散型態成形。

加上5月24日形成的上漲初期均線蛟龍出海型態，股價的強勢特徵非常明顯，投資者可以在當日或次日進場加倉買進籌碼。此後，主力機構展開了一大波拉升行情，期間拉出了7個漲停板。

圖表3-15　川恒股份（002895）2021/8/11的K線走勢圖

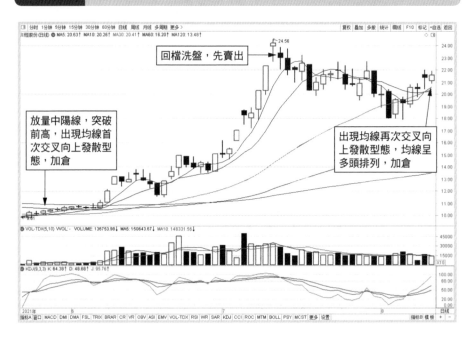

7月13日，該股大幅開低，股價回落，收出一根陰K線，成交量較前一交易日萎縮，主力機構展開回檔洗盤吸籌行情，投資者可以在當日或次日逢高賣出手中籌碼，待股價回檔洗盤到位後再將籌碼買回來。

回檔洗盤期間，5日、10日均線由多頭排列反轉下行逐漸走平，與30日均線纏繞交叉，中長期均線由股價下方向上移動，成交量呈現萎縮狀態。

8月6日該股開低，收出一根大陽線（收盤漲幅6.86%），突破前高，成交量較前一交易日萎縮，股價向上突破5日、10日和30日均線（一陽穿3線），上漲中期均線蛟龍出海型態成形。

　　8月10日，該股大幅跳空開高（向上跳空5.92%開盤），收出一根假陰真陽十字星，成交量較前一交易日放大兩倍多，股價突破且收在5日、10日、30日均線上方，回檔洗盤行情結束。5日、10日和30日均線形成複合黃金交叉型態，均線再次交叉向上發散型態成形。

　　8月11日該股開低，收出一根小陽線，成交量較前一交易日萎縮，股價向上突破均線再次交叉向上發散型態，再次交叉向上發散型態確認成形。均線全多頭排列，MACD、KDJ等技術指標開始走強，股價的強勢特徵比較明顯，後市持續快速上漲的機率大。投資者可以在當日或次日進場逢低加倉買進籌碼。

　　下頁圖表3-16是川恒股份（002895）2021年9月17日的K線走勢圖。從K線走勢可以看出，8月11日，該股開低收出一根小陽線，股價向上突破均線再次交叉向上發散型態，再次交叉向上發散型態成形。均線呈多頭排列，股價的強勢特徵相當明顯。之後，主力機構快速向上拉升股價。

　　從拉升情況看，主力機構採取波段式拉升的操盤手法。拉升過程中，由於股價離30日均線較遠，主力機構展開過兩次洗盤整理。投資者可以在整理當日或次日先逢高賣出手中籌碼，待股價洗盤整理到位後再將籌碼買回來，也可以持股先觀察，視情況再做決定。

　　洗盤整理時間不長，整理幅度不大，股價跌（刺）破10日均線很快拉回。洗盤整理過程中，投資者要注意盯盤，每次回檔洗盤到位，都是進場加倉買進籌碼的機會；比如2021年8月20日和9月7日的回檔確認，應該是進場加倉買進籌碼的好時機。

　　9月15日，該股大幅開低，股價衝高回落，收出一根陰十字星（高位或相對高位十字星又稱為黃昏之星），成交量較前一交易日萎縮，顯示股價上漲乏力。主力機構盤中拉高股價的目的是展開震盪整理出貨，且

圖表3-16　川恒股份（002895）2021/9/17的K線走勢圖

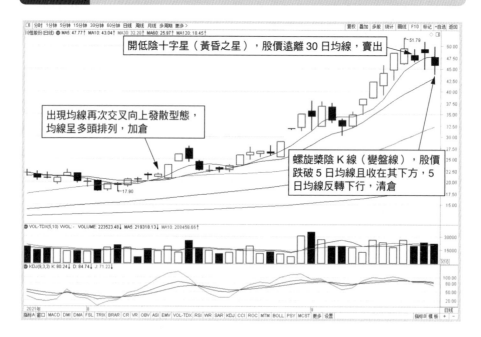

開低陰十字星（黃昏之星），股價遠離 30 日均線，賣出

出現均線再次交叉向上發散型態，均線呈多頭排列，加倉

螺旋槳陰K線（變盤線），股價跌破 5 日均線且收在其下方，5 日均線反轉下行，清倉

主力機構出貨態度比較堅決。

股價遠離30日均線且漲幅大，MACD、KDJ等技術指標開始走弱，盤面的弱勢特徵已經顯現。投資者若手中還有籌碼沒有出清，次日應該逢高賣出。

9月17日該股開低，股價衝高回落，收出一根螺旋槳陰K線（高位或相對高位的螺旋槳K線又稱為變盤線或轉勢線），成交量較前一交易日萎縮，股價跌破5日均線且收在5日均線下方，5日均線反轉下行。

MACD、KDJ等技術指標已經走弱，盤面的弱勢特徵非常明顯。這個時候，投資者如果手中還有籌碼沒有出清，次日要逢高清倉，後市繼

續看跌。

操作提點

　　實戰操作中，由於受政策面、基本面、消息面以及大盤走勢等各種因素的影響，加上主力機構操盤手操作手法和風格的不同，個股在上漲的過程中，可能會形成多次均線再次交叉向上發散型態。

　　我們將位置高於第一次的均線交叉向上發散型態，稱之為均線再次交叉向上發散型態。

　　而且，**均線再次交叉向上發散型態經常與蛟龍出海、旱地拔蔥等看漲均線型態伴隨出現，這是一種進場的加強訊號**，出現這種情況，投資者可以找機會進場逢低加倉買進籌碼，持股待漲。

3-5 【烘雲托月型態】30日均線托住股價，是多頭排列的前一部份

均線烘雲托月型態，是均線多頭排列型態的初始階段，一般出現在中長期上升趨勢的初期，或上升趨勢中途強勢整理洗盤之後，將其列為上漲中期強勢均線型態。市場表現為5日均線和10日均線幾乎黏在一起，30日均線始終在5日和10日均線的下方，保持一定的距離，且平緩上行。

型態分析

在均線型態中，5日和10日均線猶如一輪新月牙，30日均線就像新月牙下輕輕飄動的白雲，微托著新月牙及其上方的股價，月移雲隨、相伴相行，因此稱為「烘雪托月」。

均線烘雲托月型態出現在中長期上升趨勢的初期，或上升趨勢中的強勢整理洗盤之後，與均線黏合（交叉）型態部分契合。整體上是多頭排列型態的前一部分，屬於蓄勢起跑或起跑前強勢蓄勢整理狀態。從整個K線走勢看，股價仍然處於上升趨勢中。

均線烘雲托月型態形成後，在放大的成交量配合下，股價向上突破均線黏合型態，或均線向上多頭發散形成多頭排列之時，便是投資者進場逢低買進籌碼的最佳時機。

圖表3-17　浙江建投（002761）2022/2/7的K線走勢圖

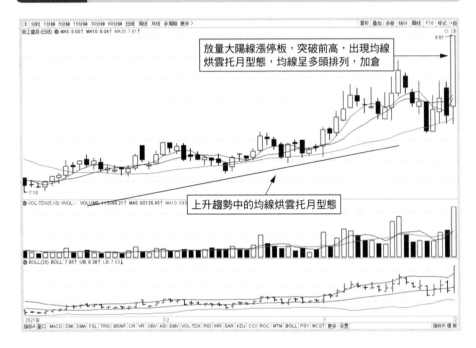

放量大陽線漲停板，突破前高，出現均線烘雲托月型態，均線呈多頭排列，加倉

上升趨勢中的均線烘雲托月型態

　　為了便於分析和閱讀理解，這一節，我們去除原均線系統中的60日和120日均線，留下5日、10日和30日3條均線，設置新的均線系統。

🖐 實戰運用1：建築業

　　圖表3-17是浙江建投（002761）2022年2月7日的K線走勢圖。從K線走勢可以看出，該股走勢處於上升趨勢中。股價從前期相對高位，即2019年4月18日的最高價25.88元，一路震盪下跌，至2021年11月3日的最低價7.10元止跌回穩，均線呈空頭排列型態。

股價下跌時間長，跌幅大，尤其是下跌後期，主力機構借助當時大盤大跌之勢，加速殺跌洗盤，收集了不少籌碼建倉；下跌期間有過多次反彈，且反彈幅度大。

11月3日股價止跌回穩後，主力機構快速推升股價，收集籌碼，然後展開震盪盤升行情，一邊推升股價，一邊洗盤吸籌，成交量逐步放大，底部逐漸抬高。

震盪盤升過程中，股價牽引均線平緩上行，5日均線和10日均線時而黏合（交叉），30日均線始終在5日和10日均線的下方，保持一定的距離，平滑向上移動。股價偶爾跌破30日均線，但很快被拉回，均線依然平緩向上移動。

顯示出主力機構將股價漲跌幅度控制在一定範圍內，確保股價運行於上升趨勢的情況下，展開震盪洗盤吸籌，清洗短期獲利籌碼，拉高投資者的進場成本，為後期拉升減輕壓力，這就是強勢蓄勢均線烘雲托月型態。

從該股K線走勢、均線型態和量價關係可以看出，2021年11月25日、12月20日，2022年1月4日，該股連續出現股價（K線）突破5日、10日均線，5日、10日均線形成黃金交叉。成交量明顯放大等買進訊號，但股價並沒有大幅上漲，反而每次都是略有回檔。

均線繼續黏合向上，依然運行在均線烘雲托月型態中。但均線烘雲托月型態沒有隨著股價的上漲而改變，只待進場時機的到來。

2022年2月7日，該股開高，收出一個大陽線漲停板，突破前高，成交量較前一交易日放大近兩倍，形成大陽線漲停K線型態。股價向上突破5日、10日均線，30日均線在股價下方向上移動，5日均線向上穿過10日均線，形成黃金交叉型態，均線呈多頭排列，均線烘雲托月型態買點出現。

圖表3-18　浙江建投（002761）2022/3/23 的 K 線走勢圖

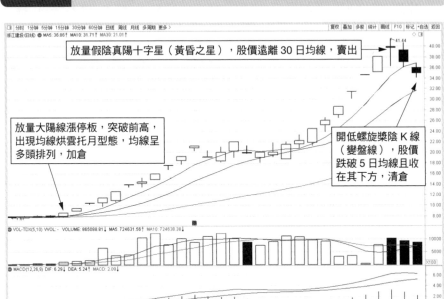

MACD、KDJ等技術指標走強，股價的強勢特徵已經相當明顯，後市持續快速上漲的機率大。投資者可以在當日搶漲停板或在次日集合競價時，以漲停價掛買單排隊等候買進，然後持股待漲，待股價出現明顯見頂訊號時再賣出。

圖表3-18是浙江建投（002761）2022年3月23日的K線走勢圖。從K線走勢可以看出，2022年2月7日，該股開高收出一個放量大陽線漲停板，突破前高，形成大陽線漲停K線型態。

當日5日均線向上穿過10日均線形成，均線呈多頭排列，均線烘雲托月型態買點出現，股價的強勢特徵十分明顯。之後，主力機構快速向上

拉升股價。

從拉升情況看，從2月8日起主力機構依託5日均線，採取直線拉升、盤中洗盤、迅速拔高的操盤手法，急速向上拉升股價。3月1日，由於股價漲幅過大且遠離30日均線，主力機構展開強勢洗盤整理，時間6個交易日，期間股價跌破10日均線很快拉回，5日均線走平。

3月9日，該股開低，收出一根大陽線（漲幅7.50%），股價突破且拉回到5日和10日均線上方，洗盤整理結束。均線呈多頭排列，MACD、KDJ等技術指標走強，股價的強勢特徵相當明顯，投資者可以在當日或次日進場加倉買進籌碼。此後，主力機構快速向上拉升股價。

從整個K線走勢看，從2月7日至3月18日25個交易日，一共拉出23根陽線，其中16個漲停板，漲幅之大，令人驚歎。

3月21日，該股大幅開高（向上跳空5.04%開盤），股價衝高回落，收出一根假陰真陽十字星（高位或相對高位十字星又稱為黃昏之星），成交量較前一交易日明顯放大，顯示股價上漲乏力，主力機構盤中拉高股價的目的是展開震盪整理出貨。

股價遠離30日均線且漲幅大，KDJ等部分技術指標開始走弱，盤面的弱勢特徵已經顯現。由於均線的滯後性，投資者如果手中還有籌碼沒有出清，可以不用等到5日均線走平或反轉下行，在次日逢高先賣出手中籌碼。

3月23日，該股跳空開低，股價衝高回落，收出一根小螺旋槳陰K線（高位或相對高位的螺旋槳K線又稱為變盤線或轉勢線），成交量較前一交易日萎縮，股價跌破5日均線且收在5日均線下方。MACD、KDJ等技術指標已經走弱，盤面的弱勢特徵非常明顯。投資者如果手中還有籌碼沒有出清，次日要逢高清倉，後市繼續看跌。

圖表3-19　保利聯合（002037）2022//1/26的K線走勢圖

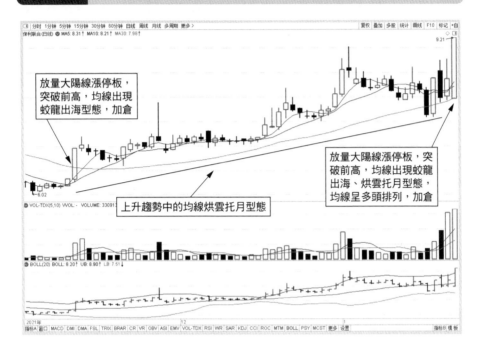

實戰運用 2：製造業

　　圖表3-19是保利聯合（002037）2022年1月26日的K線走勢圖。從K
線走勢可以看出，該股走勢處於上升趨勢中，股價從前期相對高位，即
2019年4月8日的最高價10.60元，一路震盪下跌，至2021年2月8日的最低
價5.71元止跌回穩，均線呈空頭排列型態。

　　股價下跌時間長，跌幅大，尤其是下跌後期，主力機構借助當時大
盤大跌之勢，加速殺跌洗盤，收集了不少籌碼建倉；下跌期間有過多次
反彈，且反彈幅度大。

2021年2月8日，股價止跌止穩後，主力機構快速推升股價，收集籌碼，然後展開大幅震盪盤升行情，低買高賣賺取價差，獲利與洗盤吸籌並舉，隨著成交量的逐步放大，底部逐漸抬高。

8月4日該股開低，收出一根中陽線，突破前高，成交量較前一交易日明顯放大。當日股價向上突破5日、10日和30日均線，形成均線蛟龍出海型態。均線呈多頭排列，MACD、KDJ等技術指標開始走強，股價的強勢特徵開始顯現，後市上漲的機率大。投資者可以在當日或次日進場買進籌碼。

9月16日該股開高（向上跳空2.05%，9.97元開盤），股價回落，收出一根中陰線，形成烏雲蓋頂之勢，但成交量較前一交易日萎縮，主力機構展開縮量回檔洗盤吸籌行情。投資者可以在當日或次日先賣出手中籌碼，待股價回檔洗盤到位後再將籌碼買回來。

回檔洗盤期間，5日、10日均線由多頭排列反轉下行逐漸走平形成交叉（黏合），30日均線逐步下行，成交量呈萎縮狀態。

11月10日該股開低，收出一個大陽線漲停板，突破前高，成交量較前一交易日放大近5倍，形成巨量大陽線漲停K線型態。股價向上突破5日、10日和30日均線，形成均線蛟龍出海型態。

MACD、KDJ等技術指標走強，股價的強勢特徵比較明顯，後市上漲的機率大。像這種情況，投資者可以在當日或次日進場逢低買進籌碼。之後，個股走勢步入均線烘雲托月型態。

股價在震盪盤升過程中，5日均線和10日均線相互交叉（黏合），30日均線始終在5日和10日均線的下方，保持一定的距離，平緩向上移動。表明主力機構在確保股價於上升趨勢的情況下，將股價漲跌幅度控制在一定範圍內，繼續展開強勢洗盤吸籌，清洗短期獲利籌碼，這是股價上升趨勢中的強勢蓄勢均線烘雲托月型態。

　　上升過程中，該股也曾多次發出買進訊號，但股價並沒有大幅上漲，反而每次都是略有回檔，均線繼續交叉（黏合），依然運行在均線烘雲托月型態中。

　　2022年1月21日，該股開高，收出一個大陽線漲停板，突破前高，成交量較前一交易日明顯放大，形成大陽線漲停K線型態。股價向上突破5日、10日、30日均線，形成均線蛟龍出海型態。這時候，均線呈多頭排列，股價的強勢特徵已經相當明顯。投資者可以在當日或次日進場加倉買進籌碼。

　　1月26日該股開低，收出一個大陽線漲停板，突破前高，成交量較前一交易日明顯放大，形成大陽線漲停K線型態。股價突破5日、10日、30日均線（股價回檔穿破30日均線拉回），形成均線蛟龍出海型態，均線呈多頭排列，均線烘雲托月型態買點出現。

　　MACD、KDJ等技術指標走強，股價的強勢特徵非常明顯，後市持續快速上漲的機率大。像這種情況，投資者可以在當日搶漲停板或在次日進場買進籌碼。

　　下頁圖表3-20是保利聯合（002037）2022年2月17日的K線走勢圖。從K線走勢可以看出，2022年1月26日，該股開低收出一個放量大陽線漲停板，突破前高，形成大陽線漲停K線型態。

　　當日股價突破5日、10日、30日均線（股價回檔穿破30日均線拉回），形成均線蛟龍出海型態。均線呈現多頭排列，均線烘雲托月型態的買點出現，股價的強勢特徵十分明顯。之後，主力機構快速向上拉升股價。

　　從拉升情況看，主力機構依託5日均線，採取直線拉升、盤中洗盤、迅速拔高的操盤手法，急速向上拉升股價。從1月26日至2月11日8個交易日時間，拉出了8個漲停板。其中4個一字漲停板、2個T字漲停板、2個大

圖表3-20　保利聯合（002037）2022/2/17的Ｋ線走勢圖

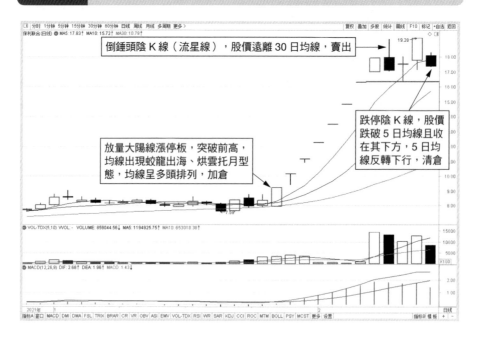

倒錘頭陰Ｋ線（流星線），股價遠離30日均線，賣出

放量大陽線漲停板，突破前高，均線出現蛟龍出海、烘雲托月型態，均線呈多頭排列，加倉

跌停陰Ｋ線，股價跌破5日均線且收在其下方，5日均線反轉下行，清倉

陽線漲停板，漲幅巨大。

　　從1月27日、28日尤其是27日收出的T字板分時走勢看，投資者如果想在主力機構拉升之初進場買進籌碼的話，還是有機會的。

　　2月14日該股開高，股價衝高回落，收出一根長上影線倒錘頭陰Ｋ線（高位倒錘頭Ｋ線又稱為射擊之星或流星線），成交量較前一交易日萎縮，顯示股價上漲乏力，主力機構盤中拉高股價的目的是展開震盪整理出貨。

　　股價遠離30日均線且漲幅大，KDJ等部分技術指標開始走弱，盤面的弱勢特徵已經顯現。由於均線的滯後性，投資者如果手中還有籌碼沒

有出清，可以不用等5日均線走平或反轉下行，在次日逢高先賣出手中籌碼。

3月17日，該股大幅開低（向下跳空6.12%開盤），收出一根跌停陰K線（從當日分時走勢看，早盤大幅開低後，股價迅速回落跌停，之後盤中有所反彈，但大部分時間股價都躺在跌停板上），成交量較前一交易日大幅萎縮。

當日股價跌破5日均線且收在5日均線下方，5日均線反轉下行。股價遠離30日均線且漲幅大，MACD、KDJ等技術指標已經走弱，盤面的弱勢特徵已經非常明顯。投資者如果手中還有籌碼沒有出清，次日應該逢高清倉，後市繼續看跌。

🖑 操作提點

實戰操作過程中，由於受政策面、基本面、消息面以及大盤走勢等各種因素的影響，加上主力機構操盤手操作手法和風格的不同，股價上升過程中（或強勢整理洗盤末期），**均線烘雲托月型態的進場時間比較難把握，投資者只能等出現明確進場訊號後，才能進場買進籌碼，買進後也要注意盯盤，如發現趨勢走壞或出現明顯見頂訊號，要及時離場。**

PART 4

拉升階段均線戰法：
注意哪些見頂訊號，
才能賺足波段？

4-1 【多頭排列型態】短中長期均線由上至下排列，可看漲做多

　　中期整理行情展開後，主力機構透過橫盤震盪整理洗盤或回檔洗盤等手法，清洗獲利盤，拉高新進場投資者的進場成本，減輕後市拉升的壓力。當洗盤整理接近尾聲、成交量大幅萎縮時，主力機構已經完成了增倉補倉工作，累積充分的拉升能量。於是，各種拉升前的強勢均線型態逐漸形成，投資者進場的時機即將到來。

　　由於受到主力機構控盤程度、資金面和目標股票流通盤大小等各種因素的影響，加上主力機構操盤手的操作手法和風格不同等原因，直接導致主力機構對目標股票採取的拉升方法不盡相同。

　　籌碼集中、控盤到位的主力機構，可能採取直線式或單邊上揚式拉升手法；資金實力不是太強、控盤一般的主力機構可能採取震盪式、台階式或複合式拉升的操盤手法等，展開拉升行情。

　　主力機構拉升手法的不同，導致上漲速度和幅度的不同，同樣導致股價（K線）上漲走勢和均線型態的不同。

　　拉升階段是主力機構坐莊操盤過程中，非常重要的關鍵環節，無論主力機構採取什麼樣的拉升手法，所形成的均線型態都屬於強勢均線型態。例如多頭排列型態、上山爬坡型態、逐浪上升型態、快速上漲型態、加速上漲型態等，下面逐一進行分析研究。

　　這一章，我們重新恢復看盤軟體均線系統5日、10日、30日、60日和120日的均線設置。

型態分析

　　均線多頭排列型態，是指處於上升趨勢中的個股，股價（K線）和均線的排列從上至下依次為：股價（K線）、短期均線、中期均線、長期均線，且所有均線向上移動，走勢強勁。例如，處於上升趨勢中的某個股，股價（K線）、5日、10日、30日、60日和120日均線，在K線走勢圖中從上至下依次排列，向上移動，就是多頭排列。

　　多頭排列出現在上升趨勢中，一般由3條以上均線組成，按照短期、中期、長期均線，呈現自上而下順序排列，是一種看漲做多的強勢均線型態。該型態呈現各均線週期內的投資者全部獲利，股價正在快速上漲之中，是投資者關鍵的持股獲利階段。

　　正常情況下，均線多頭排列型態形成之前，均線呈黏合（交叉）態勢，投資者可以在股價突破均線黏合（交叉）型態或均線向上發散之時進場買進籌碼。但最好是選擇在大陽線（或漲停板）突破均線黏合（交叉）型態，且有成交量配合，至少有3條均線呈多頭排列之時，積極進場買進籌碼。

實戰運用 1：製造業

　　下頁圖表4-1是台華新材（603055）2021年6月22日的K線走勢圖。在看盤軟體上將該股整個K線走勢縮小後可以看出，該股走勢處於上升趨勢中。

圖表4-1　　台華新材（603055）2021/6/22的K線走勢圖

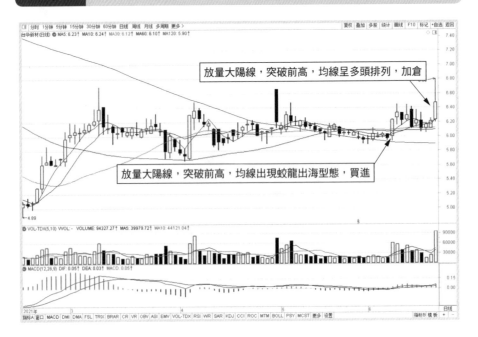

放量大陽線，突破前高，均線呈多頭排列，加倉

放量大陽線，突破前高，均線出現蛟龍出海型態，買進

　　股價從前期相對高位，即2020年7月23日的最高價11.13元，一路震盪下跌，至2021年2月8日的最低價4.89元止跌回穩，均線呈空頭排列型態。股價下跌時間雖然不是很長，但跌幅大，下跌後期，主力機構借助當時大盤大跌之勢，加速殺跌洗盤，收集了不少籌碼建倉，下跌期間有過1次較大幅度的反彈。

　　2月8日股價止跌回穩後，主力機構快速推升股價，收集籌碼，然後展開橫盤震盪洗盤吸籌行情。橫盤震盪洗盤吸籌期間，短、中、長期均線逐漸靠攏，出現黏合（交叉）型態，成交量呈間斷性放（縮）量狀態，期間收出過一個大陽線漲停板，為吸籌建倉型漲停板。

6月8日該股開高，收出一根大陽線，突破前高，成交量較前一交易日放大3倍多。股價向上突破5日、10日、30日、60日4條均線所形成的交叉黏合型態（一陽穿4線），且收盤收在4條均線上方，均線蛟龍出海型態成形。

均線（除120日均線外）呈多頭排列，MACD、KDJ等技術指標開始走強，股價的強勢特徵已經顯現。投資者可以在當日或次日進場逢低分批買進籌碼。

6月22日，該股開高，收出一根大陽線，突破前高，成交量較前一交易日放大4倍多，股價收在短中長期均線上方，且短中長期均線呈多頭排列型態。MACD、KDJ等技術指標走強，股價的強勢特徵已經相當明顯，後市持續快速上漲的機率大，投資者可以在當日或次日進場加倉買進籌碼。

下頁圖表4-2是台華新材（603055）2021年9月17日的K線走勢圖。從K線走勢可以看出，6月22日，該股開高收出一根放量大陽線，突破前高，收盤收在短中長期均線上方，且短、中、長期均線呈多頭排列型態，股價的強勢特徵十分明顯。之後，主力機構快速向上拉升股價。

從拉升情況看，主力機構依託5日均線，採取台階式推升的操盤手法。拉升過程中，只要股價離30日均線較遠，就會展開洗盤整理，例如2021年7月8日、7月15日、8月2日、8月19日展開的4次強勢洗盤整理。

洗盤整理過程中，投資者要注意盯盤，每次洗盤整理到位，都是進場加倉買進籌碼的好時機。從8月27日開始，主力機構展開快速拉升行情，整個拉升行情乾淨順暢，股價從6月22日均線多頭排列形成當天的收盤價6.47元，上漲至9月14日高位，陽十字星當天的收盤價18.33元，漲幅相當可觀。

9月15日該股開低，股價衝高回落，收出一根陰十字星（高位或相對

圖表4-2 台華新材（603055）2021/9/17的K線走勢圖

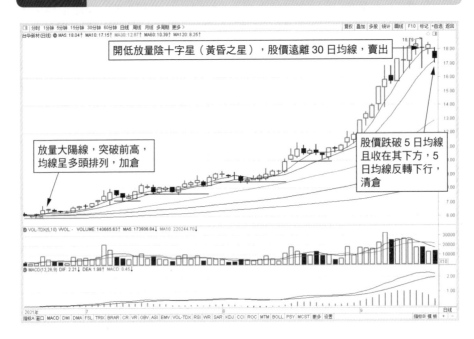

高位十字星又稱為黃昏之星），成交量較前一交易日放大，加上前一交易日收出的一根陽十字星，顯示股價上漲乏力，主力機構盤中拉高股價的目的是展開震盪整理出貨。

　　股價遠離30日均線且漲幅大，MACD、KDJ等技術指標開始走弱，盤面的弱勢特徵已經顯現，投資者如果手中還有籌碼沒有出清，次日要逢高賣出。

　　9月17日該股大幅開低（向下跳空2.62%開盤），股價衝高回落，收出一根螺旋槳陰K線（高位或相對高位的螺旋槳K線，又稱為變盤線或轉勢線），成交量較前一交易日放大。股價跌破5日均線且收在5日均線下

圖表4-3	普天科技（002544）2021/9/22的K線走勢圖

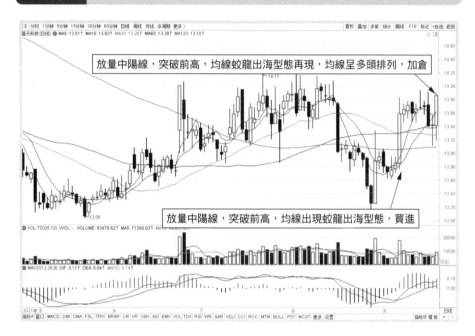

方，5日均線反轉下行。MACD、KDJ等技術指標已經走弱，盤面的弱勢特徵已經非常明顯。投資者如果手中還有籌碼沒有出清，次日應該逢高清倉。

實戰運用2：資訊傳輸、軟體服務業

圖表4-3是普天科技（002544）2021年9月22日的K線走勢圖。從K線走勢可以看出，該股處於上升趨勢中。股價從前期相對高，即2021年1月6日的最高價17.94元，展開回檔洗盤，至2021年5月21日的最低價12.05元

止跌回穩，均線呈空頭排列型態。

股價下跌時間雖然不是很長，但跌幅較大。下跌後期，主力機構借助當時大盤下跌之勢，加速殺跌洗盤，收集了不少籌碼建倉，下跌期間有過一次較大幅度的反彈。

5月21日股價止跌回穩後，主力機構展開震盪盤升（挖坑）洗盤行情，低買高賣賺取價差，獲利與洗盤吸籌並舉，成交量呈現間斷性放大狀態。震盪盤升（挖坑）洗盤期間，短、中、長期均線逐漸靠攏，呈交叉型態，期間主力機構拉出過一個大陽線漲停板，為吸籌建倉型漲停板。

9月7日該股以平盤開出，收出一根大陽線，突破前高（基本到達坑沿），成交量較前一交易日放大3倍多，股價向上突破5日、10日、30日、60日和120日均線（一陽穿5線），走出坑底，且收盤收在5條均線上方，均線蛟龍出海型態成形。

均線（除30日均線外）呈多頭排列，MACD、KDJ等技術指標開始走強，股價的強勢特徵開始顯現，投資者可以在當日或次日進場逢低分批買進籌碼。

9月22日該股開低，收出一根中陽線，突破前高，成交量較前一交易日明顯放大。當日股價向上穿過5日、10日、30日和60日均線所形成的交叉黏合型態（股價回檔穿破30日、60日均線拉回，一陽穿4線），且收盤收在所有均線上方。

120日均線在股價下方向上移動，均線蛟龍出海型態再現，短、中、長期均線呈現多頭排列型態。MACD、KDJ等技術指標走強，股價的強勢特徵已經相當明顯，後市持續快速上漲的機率大。所以，投資者可以在當日或次日進場加倉買進籌碼。

圖表4-4是普天科技（002544）2021年11月16日的K線走勢圖。從K

圖表4-4　普天科技（002544）2021/11/16的K線走勢圖

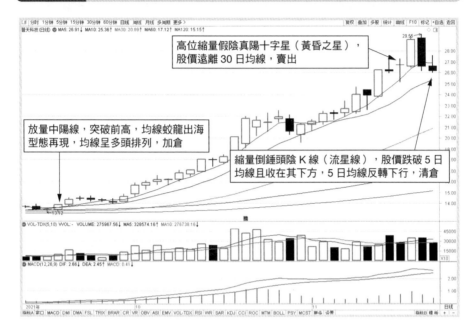

線走勢可以看出，9月22日，該股開低收出一根放量中陽線，突破前高，股價向上穿過5日、10日、30日、60日均線（一陽穿4線），均線蛟龍出海型態再現。短、中、長期均線呈多頭排列型態，股價的強勢特徵已經十分明顯。之後，主力機構快速向上拉升股價。

　　從拉升情況看，從9月23日起，主力機構依託5日均線向上拉升股價，拉升期間主力機構展開過兩次強勢洗盤整理。9月24日的洗盤整理，持續了4個交易日，整理幅度不大，洗盤整理期間正是投資者進場買進籌碼的好時機。

　　10月25日展開的洗盤整理，持續了6個交易日，股價跌（刺）破5日

（10日）均線很快拉回，11月2日洗盤整理結束，也是投資者進場買進籌碼的好時機。此後主力機構快速向上拉升股價，整個拉升過程比較乾淨俐落，漲幅大。

11月11日該股開高，股價衝高回落，收出一根假陰真陽十字星（高位或相對高位十字星又稱為黃昏之星），成交量較前一交易日萎縮，加上前一交易日收出的一根陰十字星，顯示股價上漲乏力，主力機構盤中拉高股價的目的是展開震盪整理出貨。

股價遠離30日均線且漲幅大，KDJ等部分技術指標開始走弱，盤面的弱勢特徵已經顯現。由於均線的滯後性，投資者如果手中還有籌碼沒有出清，可以不用等5日均線走平或反轉下行，在次日逢高先賣出手中籌碼。

11月16日該股開高，股價衝高回落，收出一根倒錘頭陰K線（高位倒錘頭K線又稱為射擊之星或流星線），成交量較前一交易日萎縮，顯示股價上漲乏力，主力機構盤中拉高股價是為了展開震盪整理出貨。

股價跌破5日均線且收在5日均線下方，5日均線反轉下行，MACD、KDJ等技術指標已經走弱，盤面的弱勢特徵相當明顯。投資者如果手中還有籌碼沒有出清，次日應該逢高清倉，後市繼續看跌。

操作提點

實戰操作中，多頭排列型態形成後，投資者要堅定持股信心。一般而言，主力機構快速向上拉升股價期間，會展開縮量回檔洗盤，如果此時拉升幅度不大，是投資者進場買進籌碼的好時機。當然，**如果股價漲幅過大或走勢已步入均線多頭排列型態的後期（例如股價遠離30日均線），出現其他明顯見頂訊號時，投資者就要逢高賣出，落袋為安。**

4-2 【上山爬坡型態】表示慢牛盤升，要當心這些見頂、轉弱訊號

　　均線上山爬坡型態，是指處於上升趨勢中的個股，其短期、中期和長期均線呈現多頭排列的方式，股價牽引均線沿著一定的坡度（角度）緩慢向上運行。由於均線型態相似於上山爬坡的走勢，所以稱為均線上山爬坡型態。本質上可以歸類於多頭排列之中，是一種不太完美但比較常見的均線型態，大多出現在股價緩慢上漲的趨勢中。

型態分析

　　這種均線型態一般由3根以上均線組成，按照短期、中期、長期均線自上而下順序排列。5日和10日均線時而交叉黏合向上移動，中長期均線在短期均線下方走勢堅挺，呈多頭排列支撐短期均線向上運行。

　　它是一種慢牛上山爬坡（盤升）行情，是比較典型的看漲做多和慢牛持股訊號。股價雖然漲速不快，但整體走勢緩慢平穩、持久向上運行，最終走出讓人意想不到的漲幅。

　　正常情況下，投資者可以在爬坡（盤升）的初始階段，即均線形成黏合（交叉）型態且均線呈多頭排列時，進場逢低分批買進籌碼，也可以在前期每次爬坡回檔確認（多是均線黏合或交叉）時介入。

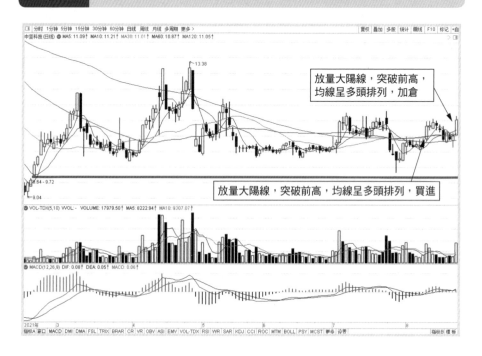

圖表4-5 中堅科技（002779）2021/8/23的K線走勢圖

（圖中文字）
放量大陽線，突破前高，均線呈多頭排列，加倉

放量大陽線，突破前高，均線呈多頭排列，買進

例如可以在股價回檔至10日或30日均線附近、獲得10日或30日均線支撐時，進場逢低買進或加倉買進籌碼。投資者進場後，要保持平穩心態，在均線系統沒有明顯走弱之前，以耐心持股為主。

實戰運用1：製造業

圖表4-5是中堅科技（002779）2021年8月23日的K線走勢圖。從K線走勢可以看出，該股走勢處於高位下跌之後的反彈趨勢中。股價從前期相對高位2020年8月14日的最高價21.67元，一路震盪下跌，至2021年2月

9日的最低價9.04元止跌回穩，均線呈現空頭排列型態。

股價下跌時間雖然不是很長，但跌幅大。下跌後期，主力機構借助當時大盤下跌之勢，加速殺跌洗盤，收集了不少籌碼建倉，下跌期間有過兩次較大幅度的反彈。

2021年2月9日股價止跌後，主力機構快速推升股價，收集籌碼，然後展開大幅震盪整理行情，低買高賣賺取價差，獲利與洗盤吸籌並舉。大幅震盪整理期間，短、中、長期均線逐漸靠攏呈交叉（黏合）型態，成交量呈間斷性放（縮）量狀態。

8月10日該股開高，收出一根大陽線，突破前高，成交量較前一交易日放大兩倍多，股價突破由5日、10日、30日、60日和120日均線形成的交叉（黏合）型態，且收盤收在5條均線的上方。均線（除60日均線外）呈多頭排列，MACD、KDJ等技術指標開始走強，股價的強勢特徵已經顯現。投資者可以在當日或次日進場逢低分批買進籌碼。

8月23日該股開高，收出一根大陽線，突破前高，成交量較前一交易日放大3倍多。股價再次突破由5日、10日、30日、60日、120日均線形成的交叉（黏合）型態，且收盤收在5條均線上方，短、中、長期均線呈多頭排列。

MACD、KDJ等技術指標走強，股價的強勢特徵相當明顯，後市持續快速上漲的機率大，投資者可以在當日或次日進場加倉買進籌碼。

下頁圖表4-6是中堅科技（002779）2022年3月11日的K線走勢圖。從K線走勢可以看出，8月23日，該股開高收出一根放量大陽線，突破前高，當日股價再次突破由5日、10日、30日、60日和120日均線形成的交叉（黏合）型態，且收盤收在5條均線上方。短、中、長期均線呈現多頭排列型態，股價的強勢特徵已經相當明顯。之後，主力機構開始向上推升股價。

圖表4-6　中堅科技（002779）2022/3/11的K線走勢圖

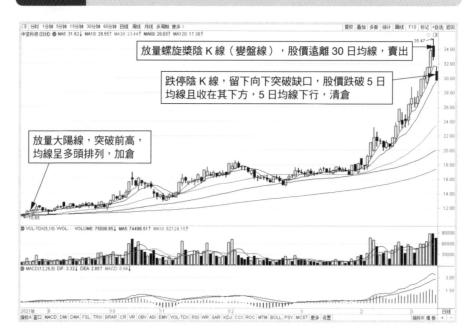

從該股上漲情況看，主力機構依託5日均線，採取波段式推升的操盤手法展開拉升行情。股價緩慢上漲的過程中，短期均線走勢呈慢牛上山爬坡型態。

上漲過程中，股價出現多次強勢洗盤整理，例如2021年8月27日、10月19日、12月6日以及2022年2月14日展開的洗盤整理。股價回檔至10日或30日均線附近（12月6日展開的洗盤整理，股價回檔到60日均線附近）獲得支撐確認後，都是投資者進場加倉買進籌碼的好時機。

2022年2月21日回檔確認後，主力機構展開了一波快速拉升行情，形成加速上漲的誘多走勢，成交量同步放大。從整個慢牛上山爬坡走

勢看，自2021年8月23日均線多頭排列形成，當天的收盤價11.52元，至2022年3月9日高位，收出螺旋槳陽K線當天的收盤價33.80元，漲幅相當可觀。

2022年3月10日，該股開高，股價回落收出一根螺旋槳陰K線，（高位或相對高位的螺旋槳K線又稱為變盤線或轉勢線），成交量較前一交易日放大。加上前一交易日收出的開高螺旋槳陽K線，顯露出主力機構採取開高、盤中震盪拉高的操盤手法，引誘跟風盤進場接盤而大量出貨的跡象。

股價遠離30日均線且漲幅大，當日5日均線反轉下行，KDJ等部分技術指標開始走弱，盤面的弱勢特徵已經顯現。投資者如果手中還有籌碼沒有出清，次日應該逢高賣出。

3月11日，該股大幅開低（向下跳空6.07%開盤），收出一根跌停陰K線。當日早盤大幅開低後，股價急速回落跌停，之後盤中有所反彈，盤中跌停時間長，留下向下突破缺口。成交量較前一交易日萎縮，顯露出主力機構打壓出貨（堅決出貨）的決心。

股價跌破5日均線且收在5日均線下方，5日均線下行，股價遠離30日均線且漲幅大，MACD、KDJ等技術指標走弱，盤面的弱勢特徵已經非常明顯。投資者如果手中還有籌碼沒有出清，次日應該逢高清倉，後市繼續看跌。

🖐️ 實戰運用 2：製造業

下頁圖表4-7是五洲新春（603667）2021年4月9日的K線走勢圖。從K線走勢看出，該股處於高位下跌之後的反彈趨勢中。股價從前期相對高位，即2020年1月9日的最高價10.49元，一路震盪下跌，至2021年2月4

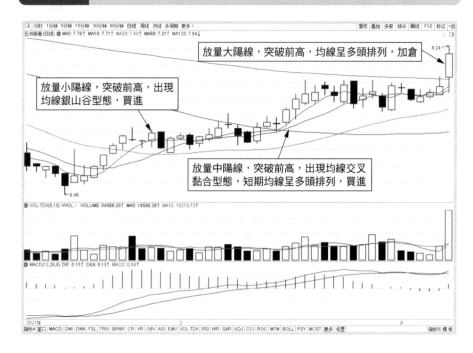

圖表4-7　五洲新春（603667）2021/4/9的K線走勢圖

日的最低價6.46元止跌回穩，均線呈空頭排列型態。

股價下跌時間較長，跌幅較大，尤其是下跌後期，主力機構借助當時大盤下跌之勢，加速殺跌洗盤，收集了不少籌碼建倉，下跌期間有過三次較大幅度的反彈。

2021年2月4日股價止跌回穩後，主力機構快速推升股價，收集籌碼，該股走勢呈現震盪盤升態勢，股價牽引短期均線迅速反轉上行並逐漸交叉黏合。中長期均線由下行逐漸走平並翹頭向上移動，成交量呈間斷性縮放大狀態。

2月24日該股以平盤開出，收出一根小陽線，突破前高，成交量較前

一交易日放大，當日股價收在5日、10日和30日均線上方，10日均線向上穿過30日均線形成銀山谷型態。MACD、KDJ等技術指標開始走強，股價的強勢特徵顯現，後市上漲的機率大。投資者可以在當日或次日進場逢低分批買進籌碼。

3月16日該股開高，收出一根中陽線，突破前高，成交量較前一交易日明顯放大，5日、10日均線向上穿過60日均線形成均線交叉黏合型態，5日、10日、30日均線呈多頭排列，股價的強勢特徵相當明顯。投資者可以在當日或次日進場加倉買進籌碼。

4月9日，該股跳空開高，收出一根大陽線，突破前高，成交量較前一交易日放大3倍多，5日均線向上穿過120日均線形成黃金交叉型態，股價收盤收在所有均線的上方。

5日、10日、30日和60日均線呈現多頭排列型態，MACD、KDJ等技術指標走強，股價的強勢特徵非常明顯，後市持續快速上漲的機率大。投資者可以在當日或次日進場加倉買進籌碼。

下頁圖表4-8是五洲新春（603667）2021年9月23日的K線走勢圖。從K線走勢看出，4月9日，該股跳空開高，收出一根放量大陽線，突破前高，5日均線向上穿過120日均線形成黃金交叉。股價收盤收在所有均線的上方，5日、10日、30日和60日均線呈多頭排列型態，股價的強勢特徵非常明顯。之後，主力機構開始向上推升股價。

從該股上漲情況看，主力機構依託5日均線，採取波段式推升的操盤手法展開拉升行情。股價緩慢上漲的過程中，短期均線走勢呈慢牛上山爬坡型態，前期坡度較小，從6月11日洗盤整理開始，坡度逐漸變大。

期間，股價出現多次強勢洗盤整理，例如2021年6月11日、7月13日、7月23日及8月31日展開的洗盤整理。股價回檔至10日或30日均線附近（12月6日展開的洗盤整理，股價回檔到60日均線附近）獲得支撐確認

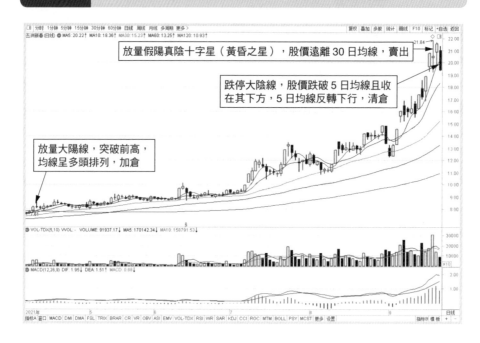

圖表4-8 五洲新春（603667）2021/9/23的K線走勢圖

後，都是投資者進場加倉買進籌碼的好時機。

9月3日洗盤整理結束後，主力機構展開了一波快速拉升行情，形成加速上漲的誘多走勢，成交量同步放大。從整個慢牛上山爬坡走勢看，自2021年4月9日短中期均線多頭排列形成當天的收盤價8.14元，至9月16日收出一個大陽線漲停板當日的收盤價20.78元，漲幅非常大。

9月17日該股開低，股價衝高回落，收出一根假陽真陰十字星（高位或相對高位十字星又稱為黃昏之星；高位假陽真陰，千萬小心），成交量較前一交易日大幅放大，顯示股價上漲乏力，主力機構盤中拉高股價的目的是展開震盪整理出貨。股價遠離30日均線且漲幅大，KDJ等部分

技術指標開始走弱，盤面的弱勢特徵已經顯現。

由於均線的滯後性，投資者若還有籌碼沒有出清，可以不等5日均線走平或反轉下行，在次日逢高先賣出手中籌碼，落袋為安。

9月23日，該股大幅開低（向下跳空2.37%開盤），股價回落，收出一根跌停大陰線（早盤大幅開低後，股價小幅震盪回落跌停，之後略有反彈，10時32分再次躺倒跌停板上至收盤，盤中跌停時間長），成交量較前一交易日萎縮，顯示主力機構打壓出貨（堅決出貨）的態度。

當日股價跌破5日均線且收在5日均線下方，5日均線反轉下行。股價遠離30日均線且漲幅大，MACD、KDJ等技術指標走弱，盤面的弱勢特徵已經非常明顯。投資者若手中還有籌碼沒有出清，次日應該逢高清倉，後市繼續看跌。

👆 操作提點

實戰操作中，均線緩慢爬坡行情的後期，主力機構一般會展開一波快速拉升行情，形成加速上漲的誘多走勢，成交量同時放大。投資者就要注意安全，股價（K線）走勢即將出現見頂訊號，例如可能出現高位十字星、螺旋槳K線、錘頭（倒錘頭）K線、大陰線等。

均線跟隨股價也隨之出現轉弱訊號，例如**5日均線走平或反轉下行或股價跌破5日均線等，投資者要及時逢高賣出手中籌碼，落袋為安。**

4-3 【逐浪上升型態】主力高拋低吸、逐浪推升，你該如何獲利？

　　均線逐浪上升型態，是指處於上升趨勢中的個股，其短期均線（偶爾也包括中期均線）在中長期均線多頭排列的支撐下，呈波浪狀向上移動。這種均線型態猶如波濤一樣，此起彼落（股價上漲時浪形越有規則，訊號越可靠），但股價的整體走勢卻處於上升趨勢，所以稱為均線逐浪上升型態。

型態分析

　　均線逐浪上升型態可歸類於多頭排列之中，是一種不太完美但比較常見的均線型態，大多出現在股價上漲趨勢中。

　　這種型態一般由3根以上均線組成，按照短期、中期、長期均線呈自上而下的順序排列，5日均線和10日均線時而交叉黏合、時而向上發散，在一浪一浪中向上移動。中長期均線在短期均線下方呈多頭排列，走勢堅挺有力，支撐短期均線向上移動。

　　逐浪上升型態是一種比較典型的看漲和持股做多訊號。短期均線呈交叉黏合、向上發散狀態，波浪式向上移動，有時浪大且急，但中長期均線呈穩健上行走勢，不改股價整體上升趨勢。有的個股股價在上升時

浪形很有規律（主力機構操盤手操作風格使然），一旦規律形成，後市延續這種走勢的時間會較長，看漲訊號更加可信，上升空間會更大。

　　正常情況下，投資者可以在第一浪開始之初進場，分批買進籌碼，也可以在前期每一浪的浪底回檔確認（多是均線黏合或交叉）時跟進。在股價回檔至10日或30日均線附近，且獲得10日或30日均線支撐時，進場逢低買進或加倉買進籌碼（有時股價也會下穿中長期均線，只要不放量，回檔確認後仍可跟進）。

　　投資者進場買進籌碼後，要保持平穩心態，在均線系統沒有明顯走弱之前，以耐心持股為主。

🖐 實戰運用 1：製造業

　　下頁圖表4-9是沐邦高科（603398）2021年8月25日的K線走勢圖。從K線走勢看出，該股走勢處於上升趨勢中。股價從前期相對高位，即2019年5月21日的最高價17.45元，一路震盪下跌，至2021年2月9日的最低價7.32元止跌回穩，均線呈空頭排列型態。

　　股價下跌時間長，跌幅大，尤其是下跌後期，主力機構借助當時大盤下跌之勢，加速殺跌洗盤，收集了不少籌碼建倉，下跌期間有多次反彈，且反彈幅度較大。2月9日股價止跌回穩後，主力機構快速推升股價，收集籌碼，該股底部逐漸抬高。

　　3月11日該股開高，收出一根大陽線（收盤漲幅5.07%），突破前高，成交量較前一交易日放大近3倍，股價向上突破5日、10日和30日均線（一陽穿3線），上漲初期均線蛟龍出海型態成形。

　　MACD、KDJ等技術指標開始走強，股價的強勢特徵開始顯現，後市上漲的機率大。投資者可以在當日或次日進場逢低分批買進籌碼。之

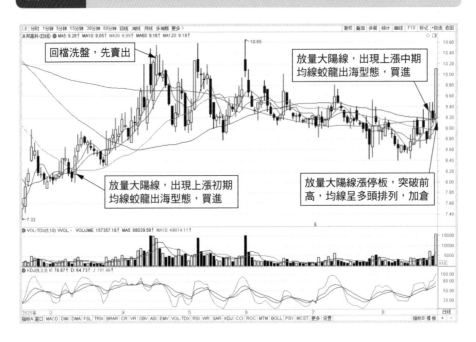

圖表4-9　沐邦高科（603398）2021/8/25的K線走勢圖

後，主力機構繼續向上推升股價。

　　4月19日該股開低，股價衝高至當日最高價10.55元回落，收出一根螺旋槳陽K線，成交量較前一交易日萎縮，主力機構展開回檔洗盤吸籌行情。投資者可以在當日或次日先賣出手中籌碼，待股價回檔洗盤到位後再將籌碼買回來。回檔洗盤期間，短、中、長期均線由多頭排列逐漸靠攏，然後纏繞交叉（黏合），成交量呈萎縮狀態。

　　8月23日該股開高，收出一根大陽線，突破前高，成交量較前一交易日放大兩倍多，當日股價向上突破5日、10日、30日、60日和120日均線（一陽穿5線），且收盤收在5條均線上方，上漲中期均線蛟龍出海型態

成形，股價的強勢特徵相當明顯。投資者可以在當日或次日進場加倉買進籌碼。

8月24日該股開高，股價回落，收出一根小陰線，成交量較前一交易日大幅萎縮。主力機構強勢整理了一個交易日，10日均線向上穿過30日均線形成均線銀山谷型態，正是投資者進場的好時機。

8月25日該股以平盤開出，收出一個大陽線漲停板，突破前高，成交量較前一交易日放大3倍多，形成大陽線漲停K線型態。股價向上突破由短中長期均線形成的均線交叉（黏合）型態，且股價收在所有均線的上方，回檔洗盤行情結束。

均線呈現多頭排列型態，MACD、KDJ等技術指標開始走強，股價的強勢特徵非常明顯，後市持續快速上漲的機率大。投資者可以在當日或次日進場逢低加倉買進籌碼。

下頁圖表4-10是沐邦高科（603398）2022年1月12日的K線走勢圖。從K線走勢看出，2021年8月25日，該股以平盤開出收出一個放量大陽線漲停板，突破前高，形成大陽線漲停K線型態。股價向上突破由短中長期均線形成的均線交叉（黏合）型態，均線呈現多頭排列，股價的強勢特徵非常明顯。之後，主力機構開始向上推升股價。

從該股上漲情況看，主力機構依託5日均線，採取波浪式推升的操盤手法展開上漲行情。過程中，短期均線走勢呈現均線逐浪上升式移動型態，前期2浪幅度較小，股價緩緩上行。

從10月25日回檔洗盤開始，波浪的幅度逐漸變大，5日均線和10日均線時而交叉黏合，時而向上發散，股價在一浪高過一浪中逐步上漲。股價偶爾跌（刺）破30日均線迅速拉回，中長期均線在短期均線下方呈多頭排列型態，走勢堅挺有力，支撐短期均線向上移動。

逐浪上升期間，每到浪底回檔確認（均線黏合或交叉）時，都是投

圖表4-10　沐邦高科（603398）2022/1/12的K線走勢圖

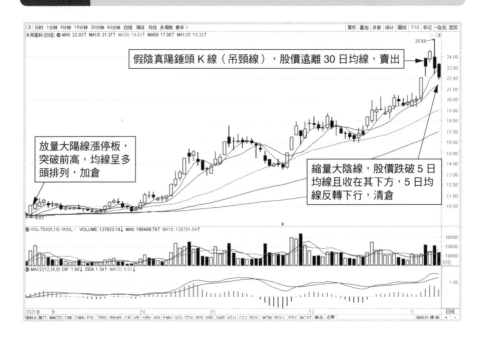

資者進場加倉買進籌碼的好時機。比如10月19日、11月2日、11月24日及12月20日，股價回檔至10日或30日均線附近獲得支撐確認後，即可進場買進籌碼。12月20日回檔確認後，主力機構展開了一波快速拉升行情，形成加速上漲的誘多走勢。

從整個逐浪上升走勢看，自2021年8月25日均線多頭排列形成當天大陽線漲停板收盤價10.10元，至2022年1月7日收出一根假陰真陽錘頭K線當天收盤價23.09元，漲幅還是不錯的。

2022年1月7日，該股大幅開高（向上跳空8.44%開盤），股價回落，收出一根假陰真陽錘頭K線（高位或相對高位的錘頭線又稱為上吊線或

吊頸線），成交量較前一交易日大幅放大，顯露出主力機構採取開高、盤中震盪整理的操盤手法，引誘跟風盤進場而大量出貨的跡象。

股價遠離30日均線且漲幅大，KDJ等部分技術指標開始走弱，盤面的弱勢特徵已經顯現。由於均線的滯後性，投資者若手中還有籌碼沒有出清，可以不等5日均線走平或反轉下行，在次日逢高先賣出手中籌碼，落袋為安。

1月12日該股開高，股價回落，收出一根大陰線，成交量較前一交易日萎縮，當日股價跌破5日均線且收在5日均線下方，5日均線反轉下行。股價遠離30日均線且漲幅大，MACD、KDJ等技術指標走弱，盤面的弱勢特徵非常明顯。投資者如果還有籌碼沒有出清，次日應該逢高清倉，可繼續追蹤觀察。

🖐️ 實戰運用 2：製造業

下頁圖表4-11是金銀河（300619）2021年6月18日的K線走勢圖。從K線走勢可以看出，該股處於上升趨勢中。股價從前期相對高位，即2020年11月19日最高價33.84元，展開回檔洗盤行情，至2021年2月9日最低價16.52元止跌回穩，均線呈空頭排列型態。

股價下跌時間雖然不是很長，但跌幅較大。下跌後期，主力機構借助當時大盤大跌之勢，加速殺跌洗盤，收集了不少籌碼建倉，下跌期間有過1次較大幅度的反彈。

2月9日股價止跌回穩後，主力機構快速推升股價，收集籌碼，K線走勢呈紅多綠少、紅肥綠瘦態勢。短中期均線跟隨股價迅速反轉向上移動並逐步交叉（黏合），成交量呈放大狀態。期間主力機構拉出了一個大陽線漲停板（20%的漲幅），為吸籌建倉型漲停板。

圖表4-11　金銀河（300619）2021/6/18的K線走勢圖

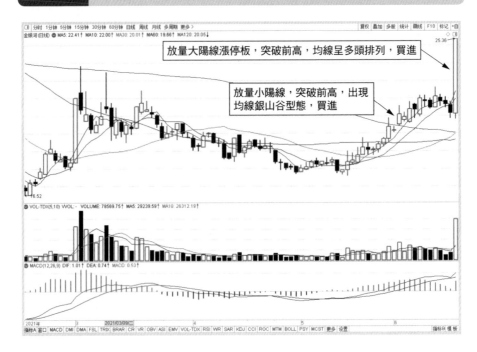

　　3月2日該股開高，股價衝高至當日最高價23.84元回落，收出一根倒錘頭陰K線，成交量較前一交易日放大，主力機構展開回檔洗盤吸籌行情。投資者可以在當日或次日先賣出籌碼，待股價回檔洗盤到位後再將籌碼買回來。回檔洗盤期間，5日、10日、30日均線由多頭排列反轉下行逐漸交叉，60日、120均線在股價上方依然下行，成交量呈萎縮狀態。

　　5月27日該股開低，收出一根小陽線，突破前高，成交量較前一交易日明顯放大，當日10日均線向上穿過30日均線形成銀山谷型態。MACD、KDJ等技術指標走強，股價的強勢特徵開始顯現，後市上漲的機率大。投資者可以在當日或次日進場逢低分批買進籌碼。之後，股價

圖表4-12　金銀河（300619）2021/11/29的K線走勢圖

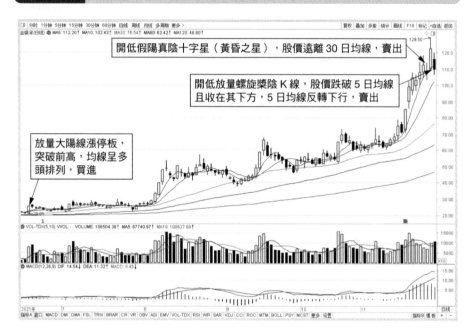

繼續上行。

　　6月18日該股開低，收出一個大陽線漲停板，突破前高，成交量較前一交易日放大5倍多，形成巨量大陽線漲停K線型態，30日均線向上穿過120日均線形成黃金交叉，股價收盤收在所有均線的上方。

　　均線（除120日均線外）呈多頭排列，MACD、KDJ等技術指標走強，股價的強勢特徵已經非常明顯，後市持續上漲的機率大。這時候，投資者可以在當日或在次日進場逢低買進籌碼。

　　圖表4-12是金銀河（300619）2021年11月29日的K線走勢圖。從K線走勢可以看出，6月18日，該股開低收出一個巨量大陽線漲停板，突破前

高，形成大陽線漲停K線型態。

30日均線向上穿過120日均線形成黃金交叉，股價收盤收在所有均線的上方。均線（除120日均線外）呈多頭排列，股價的強勢特徵非常明顯。之後，主力機構開始向上推升股價。

主力機構依託5日均線，採取波浪式推升的操盤手法展開上漲行情。股價緩慢上漲的過程中，短期均線走勢呈現逐浪上升式移動型態，前期可作為1浪，幅度較小，股價緩緩上行。

從8月10日回檔洗盤開始，波浪的幅度逐漸變大，5日、10日均線時而交叉黏合，時而向上發散。股價在一浪高過一浪中逐步上漲，股價偶爾跌（刺）破30日均線迅速拉回，中長期均線在短期均線下方呈多頭排列型態，走勢堅挺有力，支撐短期均線向上移動。

逐浪上升期間，每到浪底回檔確認（均線黏合或交叉）時，都是投資者進場加倉買進籌碼的好時機。例如8月4日、9月13日、10月22日和11月12日，股價回檔至10日或30日均線附近獲得支撐確認後，即可進場買進籌碼。11月12日回檔確認後，主力機構展開了一波快速拉升行情，形成加速上漲的誘多走勢。

從整個逐浪上升走勢看，自2021年6月18日均線多頭排列，形成當天大陽線漲停板收盤價25.36元，至2021年11月24日收出螺旋槳陽K線當天收盤價112.51元，上漲幅度相當可觀。

11月25日，該股大幅開低（向下跳空4.38%開盤），股價衝高回落，收出一根假陽真陰十字星（高位或相對高位十字星又稱為黃昏之星；高位假陽真陰，千萬小心），成交量較前一交易日萎縮。加上前一交易日收出的螺旋槳陽K線，顯示股價上漲乏力，主力機構盤中拉高股價的目的是展開震盪整理出貨。

股價遠離30日均線且漲幅大，KDJ等部分技術指標走弱，盤面的弱

勢特徵已經顯現。由於均線的滯後性，投資者如果還有籌碼沒有出清，可以不用等5日均線走平或反轉下行，在次日逢高先賣出手中籌碼，落袋為安。

11月29日，該股大幅開低（向下跳空5.25%開盤），收出一根螺旋槳陰K線，成交量較前一交易日放大。股價跌破5日均線且收在5日均線下方，5日均線反轉下行。股價遠離30日均線且漲幅大，MACD、KDJ等技術指標走弱，盤面的弱勢特徵非常明顯。投資者若手中還有籌碼沒有出清，次日應該逢高清倉。

✍️ 操作提點

實戰操作中，均線逐浪上升行情的後期，主力機構如果展開快速拉升行情，形成加速上漲誘多走勢，成交量同時放大，則預示頂部型態即將出現。

由於在展開逐浪上升行情時，主力機構一般採取低買高賣、逐浪推升的操盤手法，如果後期沒有快速拉升行情的出現，則最後一浪，就不能以成交量的放大來判斷頂部特徵。

即使股價見頂，成交量也可能呈萎縮狀態，因為在見頂前的幾浪裡，主力機構已經將手中的籌碼出貨了。

因此，應該以股價漲幅、K線、均線走勢等特徵來判斷股價是否見頂，例如**出現漲幅較大、高位十字星、螺旋槳K線、錘頭線，5日均線走平或反轉下行或股價跌破5日均線等特徵（現象），預示股價已經見頂，投資者要及時逢高賣出手中籌碼，落袋為安。**

4-4 【加速上漲型態】賺錢效益最高，哪些型態現身時提前布局？

均線加速上漲型態，是指處於上升趨勢中的個股，股價由此前的緩慢上行，突然出現加速上漲的走勢。隨著股價的加速上漲，股價牽引均線由緩慢或均速向上移動，轉為加速向上移動，短期均線與中、長期均線呈現多頭排列且間距越拉越大，股價上漲的角度越來越陡峭，稱為均線加速上漲型態。

型態分析

均線加速上漲型態，出現在長期上升趨勢中的後期（也有的出現在長期下降趨勢的中期反彈行情中），可歸類於多頭排列之中。是一種比較常見的均線型態，與均線上山爬坡型態後期的加速上漲誘多走勢相似。通常情況下，股價依託5日均線加速上漲，其餘均線在5日均線下方呈多頭排列向右上方移動。

嚴格定義來說，均線加速上漲型態是一種股價即將見頂的訊號，但它又是主力機構前期，不斷謀劃運作出來的一種目的很清晰的均線型態，意圖是透過最後的拉升實現利潤最大化。確實，均線加速上漲階段，是目標股票整個上漲過程中賺錢效應最迅捷的最後階段，如果投資

者能及時搭上這趟末班車，並能在到達終點站之前下車的話，相當於跑了一趟只賺不賠的大生意。

　　投資者可以在均線加速上漲初期，即5日均線加速上漲轉折點出現時，進場買進籌碼。目標股票5日、10日均線呈交叉黏合狀態，成交量溫和放大。

　　也可以在目標股票前期走勢中出現明顯進場訊號時，提前逢低分批買進籌碼。例如前期股價出現一陽穿3線（含3線以上）時、股價突破均線交叉黏合型態時，就開始進場買進籌碼，提前布局，靜候加速上漲行情的到來。

🖱 實戰運用 1：製造業

　　下頁圖表4-13是東嶽矽材（300821）2021年8月11日的K線走勢圖。從K線走勢看出，該股走勢處於上升趨勢中。股價從前期相對高位，即2020年11月23日的最高價17.96元，展開回檔洗盤，至2021年2月8日的最低價8.82元止跌回穩，均線呈空頭排列型態。

　　股價下跌時間雖然不是很長（該股2020年3月12日上市，由於當時大盤走勢不好，沒有被過度炒作），但跌幅較大。下跌後期，主力機構借助當時大盤下跌之勢，加速殺跌洗盤，收集了不少籌碼建倉。

　　2021年2月8日股價止跌回穩後，主力機構快速推升股價，收集籌碼，然後展開震盪盤升行情。股價牽引短期均線（5日、10日和30日均線）迅速反轉上行並逐漸交叉黏合，中長期均線（60日和120日均線）由下行逐漸走平，與短期均線逐漸交叉黏合，成交量呈間斷性放大狀態。

　　6月8日，該股以平盤開出，收出一根中陽線，突破前高，成交量較前一交易日放大3倍多。當日股價向上突破由5日、10日、120日均線形成

圖表4-13　東嶽矽材（300821）2021/8/11的K線走勢圖

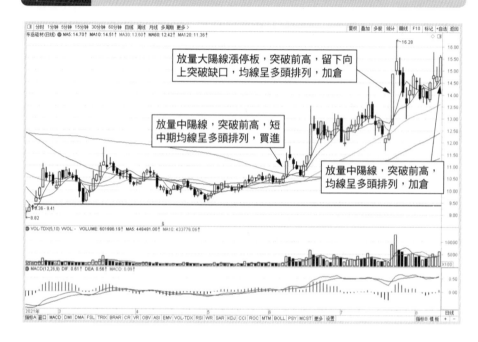

的交叉黏合型態，30日、60日均線在股價下方向上移動，股價收盤收在所有均線的上方。

　　5日、10日、30日和60日均線呈現多頭排列型態，MACD、KDJ等技術指標開始走強，股價的強勢特徵開始顯現，後市繼續上漲的機率大。投資者可以在當日或次日進場逢低分批買進籌碼。

　　7月22日，該股跳空開高，收出一個大陽線漲停板，突破前高，留下向上突破缺口，成交量較前一交易日放大5倍多，形成向上突破缺口和大陽線漲停K線型態。股價向上突破由5日、10日均線形成的交叉黏合型態，股價收盤收在所有均線的上方。

　　此時，均線呈多頭排列型態，MACD、KDJ等技術指標走強，股價的強勢特徵相當明顯，後市繼續上漲的機率大。投資者可以在當日或次日進場逢低加倉買進籌碼。

　　7月23日該股開高，股價衝高回落，收出一根倒錘頭陽K線，主力機構展開強勢回檔洗盤，成交量呈萎縮狀態，5日、10日均線由多頭排列反轉下行，逐漸交叉黏合。

　　8月11日該股開高，收出一根中陽線，突破前高，成交量較前一交易日明顯放大，股價收盤收在所有均線的上方，回檔洗盤結束，5日均線加速上漲轉折點出現。

　　均線呈多頭排列型態，MACD、KDJ等技術指標走強，股價的強勢特徵已經非常明顯，均線加速上漲初期進場時機出現。投資者可以在當日或次日進場加倉買進籌碼，然後持股待漲，待股價出現明顯見頂訊號時再賣出。

　　下頁圖表4-14是東嶽矽材（300821）2021年8月30日的K線走勢圖。從K線走勢看出，8月11日，該股開高收出一根放量中陽線，突破前高，股價收盤收在所有均線的上方。均線呈多頭排列型態，5日均線加速上漲轉折點出現，股價的強勢特徵非常明顯。之後，主力機構開始向上快速拉升股價。

　　從該股上漲情況看，主力機構依託5日均線，採取盤中洗盤、迅速拔高的操盤手法，快速向上拉升股價，成交逐步放大。股價牽引均線由緩慢運行轉為加速向上移動，且向上移動的角度越來越陡峭，短期均線與中、長期均線呈多頭排列且距離越拉越大。股價進入加速上漲的後期，投資者一定要注意盯盤，並思考何時逢高賣出籌碼的問題。

　　8月27日該股開低（向下跳空2.24%開盤），股價衝高回落，收出一根陰十字星（高位或相對高位十字星又稱為黃昏之星），成交量較前

圖表4-14 東嶽矽材（300821）2021/8/30的K線走勢圖

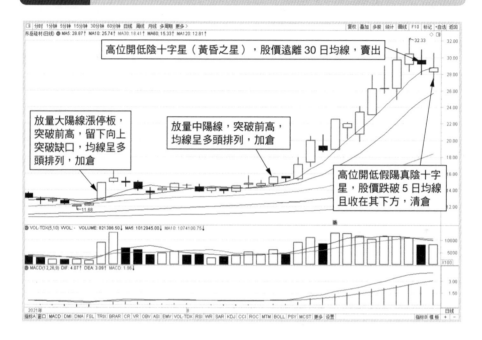

一交易日萎縮，加上前一交易日收出的螺旋槳陽K線，顯示股價上漲乏力，主力機構盤中拉高股價的目的是展開震盪整理出貨。

股價遠離30日均線且漲幅大，KDJ等部分技術指標開始走弱，盤面的弱勢特徵已經顯現。投資者如果手中還有籌碼沒有出清，次日應該逢高賣出，落袋為安。

8月30日，該股大幅開低（向下跳空3.05%開盤），股價衝高回落，收出一根假陽真陰十字星（高位或相對高位十字星又稱之為黃昏之星；高位假陽真陰，千萬小心），成交量較前一交易日萎縮，加上前一交易日收出的陰十字星，顯示出股價上漲乏力，主力機構盤中拉高股價的目

圖表4-15 中交地產（000736）2022/3/22的K線走勢圖

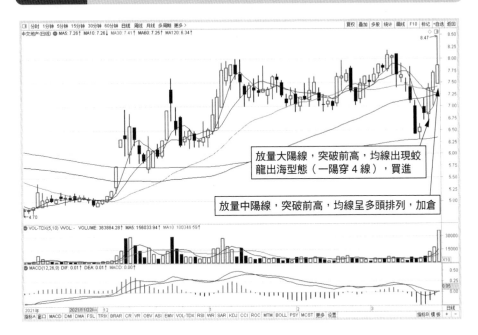

放量大陽線，突破前高，均線出現蛟龍出海型態（一陽穿4線），買進

放量中陽線，突破前高，均線呈多頭排列，加倉

的是展開震盪整理出貨。

　　股價遠離30日均線且漲幅大，MACD、KDJ等技術指標走弱，盤面的弱勢特徵已經相當明顯。投資者如果手中還有籌碼沒有出清，次日應該逢高清倉。

實戰運用 2：房地產類

　　圖表4-15是中交地產（000736）2022年3月22日的K線走勢圖。從K線走勢可以看出，該股走勢處於上升趨勢中。股價從前期相對高位，即

2020年3月5日的最高價11.10元，一路震盪下跌，至2021年11月8日最低價4.70元止跌回穩，均線呈現空頭排列型態。

股價下跌時間長，跌幅大，尤其是下跌後期，主力機構借助當時大盤下跌之勢，加速殺跌洗盤，收集了不少籌碼建倉。股價下跌期間有過多次反彈，且反彈幅度大。

2021年11月8日，股價止跌後，主力機構開始推升股價，收集籌碼，然後展開震盪盤升（挖坑）洗盤吸籌行情，股價牽引短期均線（5日、10日和30日均線）迅速反轉上行並逐漸交叉黏合，中長期均線（60日和120日均線）由下行逐漸走平與短期均線交叉黏合，然後緩慢向上移動。

2022年3月18日，該股開低，收出一根大陽線（收盤漲幅7.75%），突破前高，成交量較前一交易日明顯放大，股價向上突破5日、10日、30日和60日均線（一陽穿4線），收盤收在4條均線的上方，120日均線在股價下方向上移動，均線蛟龍出海型態成形。

MACD、KDJ等技術指標開始走強，股價的強勢特徵顯現，後市上漲的機率大。投資者可以在當日或次日進場逢低分批買進籌碼。

3月22日該股開低，收出一根中陽線，突破前高，成交量較前一交易日放大兩倍多，5日均線向上穿過10日、30日和60日均線形成交叉黏合型態（3黃金交叉），股價收盤收在所有均線的上方，5日均線加速上漲轉折點出現。

均線（除10日均線外）呈現多頭排列型態，MACD、KDJ等技術指標走強，股價的強勢特徵已經非常明顯，均線加速上漲初期進場時機出現。投資者可以在當日或次日進場加倉買進籌碼，然後持股待漲，待股價出現明顯見頂訊號時再賣出。

圖表4-16是中交地產（000736）2022年4月18日的K線走勢圖。從K線走勢可以看出，3月22日，該股開低收出一根放量中陽線，突破前高。

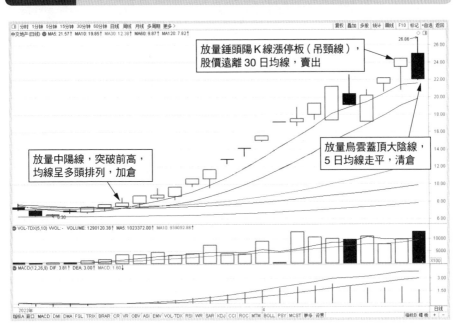

圖表4-16　中交地產（000736）2022/4/18的K線走勢圖

放量錘頭陽K線漲停板（吊頸線），
股價遠離30日均線，賣出

放量烏雲蓋頂大陰線，
5日均線走平，清倉

放量中陽線，突破前高，
均線呈多頭排列，加倉

　　當日5日均線向上穿過10日、30日和60日均線形成交叉黏合型態（3黃金交叉），股價收盤收在所有均線的上方，均線（除10日均線外）呈多頭排列型態。5日均線加速上漲轉折點出現，股價的強勢特徵已經非常明顯。之後，主力機構開始向上快速拉升股價。

　　從該股的上漲情況看，主力機構依託5日均線，採取盤中洗盤、迅速拔高的操盤手法，快速向上拉升股價，成交量逐步放大，股價牽引均線由緩慢移動轉為加速向上移動。

　　而且向上移動的角度越來越陡峭，短期均線與中、長期均線呈多頭排列且距離越拉越大。股價進入加速上漲後期，投資者一定要注意盯

盤，並思考何時逢高賣出籌碼的問題。

4月15日，該股大幅開高（向上跳空5.72%開盤），收出一個長下影線錘頭陽K線漲停板（高位或相對高位的錘頭線又稱為上吊線或吊頸線），成交量較前一交易日明顯放大。

從當日走勢看，早盤該股大幅開高後，股價迅速回落，然後反轉向上衝高，展開高位大幅震盪整理。14時44分封漲停板至收盤，高位震盪整理時間長、封漲停板晚（尾盤封漲停板），顯露出主力機構利用開高、高位震盪、封漲停板（漲停誘多），引誘跟風盤接盤而大量出貨的跡象。

股價遠離30日均線且漲幅大，KDJ等部分技術指標開始走弱，盤面的弱勢特徵已經顯現。遇到這種情況，投資者如果手中還有籌碼當天沒有賣出的，次日應該逢高賣出。

4月18日，該股大幅跳空開高（向上跳空2.38%開盤），股價衝高回落，收出一根烏雲蓋頂大陰線（烏雲蓋頂陰線，是常見的看跌反轉訊號），成交量較前一交易日明顯放大。

主力機構大幅開高後股價迅速回落，然後反轉震盪上行，早上10時42分封漲停板，10時52分漲停板被打開，然後股價震盪下跌，盤中一度跌停，收盤跌幅9.91。

從盤面看，一方面顯露出主力機構利用早盤大幅開高、盤中拉高、封漲停板，引誘跟風盤進場而大量出貨的操盤意圖。另一方面，漲停板被打開後股價快速下跌至跌停（下跌過程中略有反彈），也顯露出主力機構毫無顧忌出貨的堅決態度。

股價遠離30日均線且漲幅大，5日均線走平，MACD、KDJ等技術指標走弱，盤面的弱勢特徵已經顯現。這個時候，投資者如果手中還有籌碼沒有出清，次日應該逢高清倉。

操作提點

　　實戰操作中，投資者**在均線加速上漲初期進場後，一定要注意盯盤跟蹤，因為只有在股價見頂前賣出手中籌碼，實現獲利，才算是股市贏家。**一般情況下，我們可以透過分析成交量、K線和均線走勢等特徵，來研判股價是否馬上見頂。

　　舉例來說，高位出現成交量放大股價卻滯漲，收盤價低於前一交易日的收盤價且出現高位十字星、螺旋槳K線、錘頭線、倒錘頭線、大陰線等，5日均線走平或反轉下行或股價跌破5日均線等特徵（現象），就預示股價已經見頂，投資者要及時逢高賣出手中籌碼，落袋為安。

4-5 【快速上漲型態】漲勢急、角度陡，在 5 日均線轉折點買進

均線快速上漲型態，是指處於上升趨勢中的個股，股價由初始的緩慢上漲或強勢整理狀態，突然展開向上快速拉升逼空行情。隨著股價的快速拉升，牽引均線（尤其是短期均線）由緩慢或平行移動態勢，突然向上快速移動，且均線向上傾斜的角度越來越陡峭，稱為均線快速上漲型態。

型態分析

均線快速上漲型態與加速上漲型態有些相似，都是出現在長期上升趨勢中的後期（也有的出現在長期下降趨勢的中期反彈行情中），也都是上漲過程中的變速訊號，可歸類於多頭排列型態之中。是一種比較常見的均線型態，相似於均線上山爬坡型態後期的加速上漲誘多走勢。

不同的是，均線快速上漲型態比加速上漲型態的加速快、漲勢急、角度更加陡峭，有直線拉升連續逼空的現象，上漲一氣呵成。股價依託5日均線快速上漲，其餘均線在5日均線下方呈現多頭排列向右上方移動。

相同的是，兩者一樣是股價即將見頂的訊號，是主力機構前期精心謀劃運作出來的一種操盤目的很清晰的均線型態，就是透過最後的快速

拉升實現利潤最大化。

　　均線快速上漲階段，是目標股票整個上漲過程中賺錢效應最快、利潤最高的最後階段，投資者能在快速上漲啟動階段追漲跟進，並能在到達頂點之前安全離場的話，不但能享受到坐轎的快樂，還能贏得豐厚的獲利。

　　正常情況下，投資者可以在均線快速上漲初期，即5日均線由平行狀態翹頭向上時（上漲轉折點），進場買進籌碼。目標股票5日、10日均線呈交叉黏合狀態，成交量放大。

　　也可以在目標股票前期走勢中出現明顯入場訊號時，提前逢低分批買進籌碼。例如前期股價出現一陽穿3線（含3線以上）時、股價突破均線交叉黏合型態時，進場買進籌碼，提前布局，靜候快速上漲行情的到來。

🖐️ 實戰運用 1：建築業

　　下頁圖表4-17是寧波建工（601789）2022年1月4日的K線走勢圖。從K線走勢可以看出，個股走勢處於上升趨勢中。股價從前期相對高位，即2020年5月14日的最高價6.31元，一路震盪下跌，至2021年7月28日的最低價3.35元止跌回穩，均線呈空頭排列型態。

　　股價下跌時間較長、跌幅較大，下跌後期，主力機構借助當時大盤大跌之勢，加速殺跌洗盤，收集了不少籌碼建倉。下跌期間有過兩次反彈，且反彈幅度較大。

　　7月28日股價止跌回穩後，主力機構快速推升股價，收集籌碼，K線走勢呈紅多綠少、紅肥綠瘦態勢，底部逐漸抬高，短期均線跟隨股價迅速反轉向上移動並逐步交叉（黏合），成交量呈現逐步放大狀態。

圖表4-17 寧波建工（601789）2022/1/4的K線走勢圖

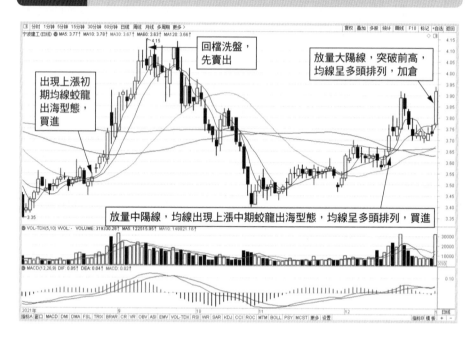

　　8月23日該股以平盤開出，收出一根小陽線，突破前高，成交量與前一交易日基本持平，股價向上突破5日、10日和30日均線（一陽穿3線），上漲初期均線蛟龍出海型態成形。MACD、KDJ等技術指標開始走強，股價的強勢特徵開始顯現，後市上漲的機率大。投資者可以在當日或次日進場逢低分批買進籌碼，此後，主力機構繼續向上推升股價。

　　9月10日該股開高，股價衝高至當日最高價4.15元回落，收出一根倒錘頭陰K線，成交量較前一交易日放大，主力機構展開回檔（打壓股價）洗盤吸籌行情。投資者可以在當日或次日先逢高賣出手中籌碼，待股價回檔洗盤到位後，再將籌碼買回來。

　　回檔洗盤期間，5日、10日、30日均線由多頭排列反轉下行，逐步向下穿過60日、120均線形成死亡交叉，成交量呈萎縮狀態。隨著股價止跌回升，股價牽引短期均線反轉向上移動，逐步向上穿過中長期均線形成黃金交叉，成交量呈現逐步放大狀態。

　　12月16日該股開高，收出一根中陽線，突破前高，成交量較前一交易日明顯放大。股價向上突破由5日、10日、60日、120日均線形成的交叉黏合型態（一陽穿4線），收盤收在4條均線的上方，30日均線在股價下方向上移動，均線蛟龍出海型態成形。

　　此時，5日、10日、30日均線呈多頭排列型態，MACD、KDJ等技術指標開始走強，股價的強勢特徵開始顯現，後市上漲的機率大。投資者可以在當日或次日進場逢低分批買進籌碼。此後，主力機構繼續向上推升股價。

　　2022年1月4日，該股開高，收出一根大陽線（收盤漲幅5.09%），突破前高，成交量較前一交易日放大4倍多。股價向上突破由5日、10日均線形成的交叉黏合型態，30日、60日、120日均線在股價下方向上移動，股價收盤收在所有均線的上方，5日均線快速上漲轉折點出現。

　　均線呈多頭排列型態，MACD、KDJ等技術指標走強，股價的強勢特徵非常明顯，均線快速上漲初期進場時機出現。在這種情況下，投資者可以在當日或次日進場加倉買進籌碼，然後持股待漲，待股價出現明顯見頂訊號時再賣出。

　　下頁圖表4-18是寧波建工（601789）2022年2月25日的K線走勢圖。從K線走勢可以看出，2022年1月4日，該股開高收出一根放量大陽線，突破前高，股價向上突破由5日、10日均線形成的交叉黏合型態。30日、60日和120日均線在股價下方向上移動，股價收盤收在所有均線的上方，均線呈多頭排列型態，5日均線快速上漲轉折點出現，股價的強勢特徵已

圖表4-18　寧波建工（601789）2022/2/25的K線走勢圖

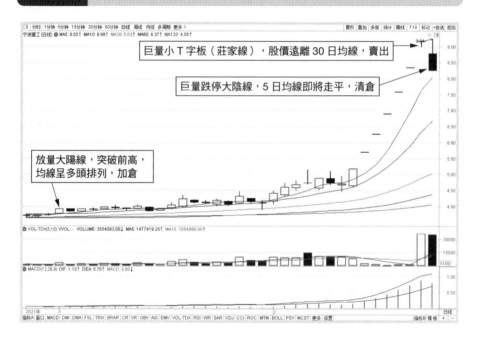

經非常明顯。之後，主力機構開始向上快速拉升股價。

　　從該股的上漲情況看，主力機構依託5日均線快速向上拉升股價，成交量逐步放大。股價牽引均線由緩慢運行轉為快速向上移動，且向上移動的角度越來越陡峭，短期均線與中期長期均線呈多頭排列且距離越拉越大。

　　尤其是從2月16日起，主力機構展開直線拉升連續逼空行情，一口氣拉出7個漲停板，其中1個大陽線漲停板、5個一字漲停板和1個小T字漲停板，漲幅巨大。股價進入快速拉升的後期，投資者一定要注意盯盤，並思考何時逢高賣出的問題。

　　2月24日，該股漲停開盤，收盤收出一個小T字板，成交量較前一交易日放大38倍多，明顯是主力機構利用漲停來誘多出貨。從當日走勢看，中午過後至收盤，大賣單不斷湧出，投資者是不可能有這麼大的賣單量。對於這種情況，投資者可以在當日收盤前賣出手中籌碼，若當天沒能賣出，次日一定要逢高賣出。

　　2月25日，該股大幅開低（向下跳空4.25%開盤），股價衝高回落，收出一根長上影線跌停大陰線（可當作射擊之星對待），成交量與前一交易日基本持平。從當日分時看，早盤大幅開低後，股價略衝高就快速回落，然後震盪下行，14時10分跌停至收盤，顯露出主力機構打壓股價出貨的堅決態度。

　　此時，股價遠離30日均線且漲幅大，5日均線即將走平，MACD、KDJ等技術指標開始走弱，盤面的弱勢特徵已經顯現。投資者如果手中還有籌碼沒有出清，次日應該逢高清倉。

實戰運用 2：製造業

　　下頁圖表4-19是北玻股份（002613）2022年3月11日的K線走勢圖。從K線走勢可以看出，該股走勢處於上升趨勢中。股價從前期相對高位，即2020年2月27日的最高價7.59元（此前有過一波大漲），一路震盪下跌，至2021年2月4日的最低價2.92元止跌回穩，均線呈空頭排列型態。

　　股價下跌時間較長，跌幅大，下跌後期，主力機構借助當時大盤下跌之勢，加速殺跌洗盤，收集不少籌碼建倉，下跌期間有過多次較大幅度的反彈。

　　2021年2月4日股價止跌回穩之後，主力機構開始推升股價，收集

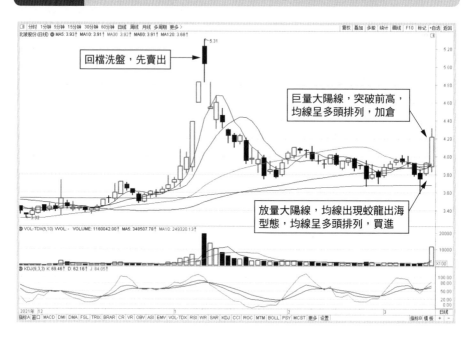

圖表4-19　北玻股份（002613）2022/3/11的K線走勢圖

圖中標註：
- 回檔洗盤，先賣出
- 巨量大陽線，突破前高，均線呈多頭排列，加倉
- 放量大陽線，均線出現蛟龍出海型態，均線呈多頭排列，買進

籌碼，然後展開大幅震盪盤升（挖坑）洗盤吸籌行情，低買高賣賺取價差，獲利與洗盤吸籌並舉。

震盪盤升期間，短期均線迅速反轉上行與中長期均線交叉，中長期均線由下行逐漸走平，然後與短期均線交叉黏合，成交量呈現間斷性放大狀態；期間主力機構拉出過4個漲停板，均為吸籌建倉型漲停板。

2022年3月10日，該股開高，收出一根大陽線（收盤漲幅4.80%），突破前高，成交量較前一交易日放大，股價向上突破5日、10日、30日和60日均線（一陽穿4線），120日均線在股價下方向上移動，股價收盤收在5條均線的上方，均線蛟龍出海型態成形。

　　MACD、KDJ等技術指標開始走強，股價的強勢特徵已經顯現，後市上漲的機率大，投資者可以在當日或次日進場逢低分批買進籌碼。

　　3月11日該股開低，收出一根大陽線（收盤漲幅7.38%），突破前高，成交量較前一交易日放大近7倍。股價向上突破由5日、10日、30日和60日均線形成的交叉黏合型態，120日均線在股價下方向上移動，股價收在所有均線的上方，5日均線快速上漲轉折點出現。

　　均線呈多頭排列型態，MACD、KDJ等技術指標走強，股價的強勢特徵已經非常明顯，均線加速上漲初期進場時機出現。投資者可以在當日或次日進場加倉買進籌碼，然後持股待漲，待股價出現明顯見頂訊號時再賣出。

　　下頁圖表4-20是002613北玻股份2022年3月28日的K線走勢圖。從K線走勢可以看出，2022年3月11日，該股開低收出一根巨量大陽線，突破前高。

　　股價向上突破由5日、10日、30日和60日均線形成交叉黏合型態，120日均線在股價下方向上移動，股價收盤收在所有均線的上方，均線呈多頭排列型態，5日均線快速上漲轉折點出現，股價的強勢特徵已經非常明顯。之後，主力機構開始向上快速拉升股價。

　　3月14日該股開低，收出一根陰K線，成交量較前一交易日大幅萎縮，主力機構強勢整理了一個交易日，收盤仍收在5條均線交叉黏合的上方。股價的強勢特徵依然十分明顯，正是投資者進場逢低買進籌碼的好時機。

　　從3月15日起，主力機構依託5日均線開始快速向上拉升股價，漲勢迅速，連續逼空，均線由緩慢運行轉為快速向上移動。且向上移動的角度越來越陡峭，短期均線與中期長期均線呈多頭排列且距離越拉越大。至3月25日，主力機構一口氣拉出9個漲停板，其中2個大陽線漲停板、5

圖表4-20　北玻股份（002613）2022/3/28的K線走勢圖

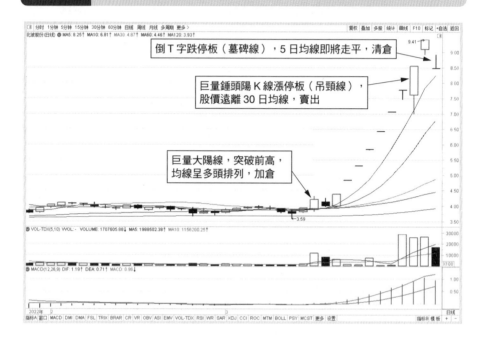

個一字漲停板、1個T字漲停板和1個小陽線漲停板，漲幅巨大。

進入快速拉升後期，投資者一定要注意盯盤跟蹤，並思考何時逢高賣出的問題。

3月24日該股開低，收出一個長下影線錘頭陽K線漲停板（高位或相對高位的錘頭線又稱為上吊線或吊頸線），成交量較前一交易日萎縮。從當日分時走勢看，早盤開低後股價震盪回落，然後展開大幅震盪盤整，14時10分跌停，14時31分主力機構開始對敲急速拉升，14時52分封漲停板。

從盤面看，下午跌停之前，主力機構利用盤中震盪盤整，引誘跟

風盤進場而大量派發出貨，然後透過跌停打壓出貨，尾盤對敲拉回漲停板，實施漲停誘多，同時也是為了次日開高出貨。加上前一交易日收出的巨量T字板，顯露出主力機構高位大量出貨的跡象。

這時候，股價遠離30日均線且漲幅大，KDJ等部分技術指標開始走弱，盤面的弱勢特徵已經顯現。由於均線的滯後性，投資者如果手中還有籌碼沒有出清，可以不用等5日均線走平或反轉下行，在次日逢高先賣出手中籌碼。

3月28日，該股跌停開盤，收出一個倒T字跌停板（當日盤中股價有所反彈，跌停時間長），成交量較前一交易日大幅萎縮，顯露出主力機構毫無顧忌打壓出貨的堅決態度。

股價遠離30日均線且漲幅較大，5日均線即將走平，MACD、KDJ等技術指標開始走弱，盤面的弱勢特徵已經相當明顯。投資者如果手中還有籌碼沒有出清，次日要逢高清倉，後市繼續看跌。

🖐️ 操作提點

實戰操作過程中，**投資者在均線快速上漲初期進場買進籌碼後，只有在股價見頂前賣出手中籌碼，實現獲利，才算操盤成功。**

一般情況下，我們可以透過分析成交量、K線和均線走勢的特徵來判斷股價是否見頂。

例如**在出現成交量放大股價卻滯漲，股價收盤價低於前一交易日收盤價**，且出現高位十字星、螺旋槳K線、錘頭線、倒錘頭K線、大陰線或5日均線走平或反轉下行或股價跌破5日均線等特現象時，**就預示股價已經見頂了。投資者要及時逢高賣出手中籌碼**，落袋為安。

國家圖書館出版品預行編目（CIP）資料

我用均線型態做多強勢股：78張K線圖與實戰技巧，教你看到多
空訊號／明發著. -- 新北市：大樂文化有限公司，2024.08
208 面；17×23公分.--（Money；058）

ISBN 978-626-7422-40-3（平裝）
1. 股票投資　2. 投資技術　3. 投資分析
563.53　　　　　　　　　　　　　　　　　　113009419

Money 058

我用均線型態做多強勢股

78張K線圖與實戰技巧，教你看到多空訊號

作　　者／明　發
封面設計／蕭壽佳
內頁排版／楊思思
責任編輯／黃淑玲
主　　編／皮海屏
發行專員／張紜蓁
財務經理／陳碧蘭
發行經理／高世權
總編輯、總經理／蔡連壽

出 版 者／大樂文化有限公司（優渥誌）
　　　　　地址：新北市板橋區文化路一段 268 號 18 樓之 1
　　　　　電話：（02）2258-3656
　　　　　傳真：（02）2258-3660
　　　　　詢問購書相關資訊請洽：（02）2258-3656

香港發行／豐達出版發行有限公司
　　　　　地址：香港柴灣永泰道 70 號柴灣工業城 2 期 1805 室
　　　　　電話：852-2172 6513　傳真：852-2172 4355

法律顧問／第一國際法律事務所余淑杏律師
印　　刷／韋懋實業有限公司

出版日期／2024 年 8 月 2 日
定　　價／300 元　（缺頁或損毀的書，請寄回更換）
I S B N／978-626-7422-40-3